丁真珍 吴馨怡 张颖洁 /著

求沙成塔

TIANFENGTA KOUSHUSHI YANJIU

天封塔口述史研究

JUSHA CHENGTA

山西出版传媒集团 三晋出版社

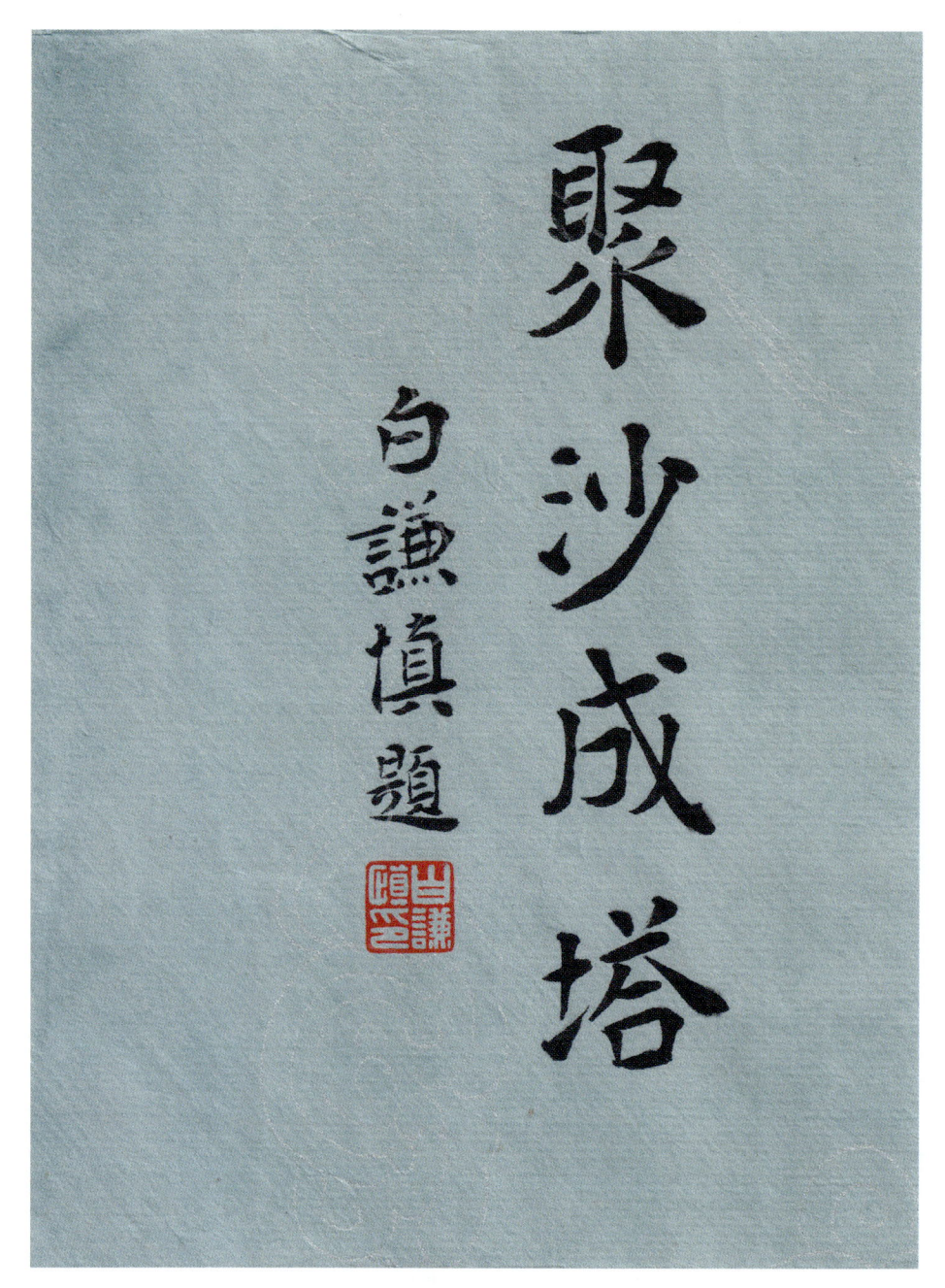

聚沙成塔　（题字：浙江大学艺术与考古学院教授　白谦慎）

航拍天封塔 （供图：徐哲霄）

绘画天封塔 （供图：陈韬羽）

从城隍庙看天封塔 （供图：张洋）

从塔影巷看天封塔 （供图：丁真珍）

奉憲勒石永禁

欽加同知銜調授寧波府鄞縣正堂加六級紀錄十二次葉　為
出示曉諭事據林春元吳廷宏黃廷堂等呈稱向在甬江開張通裕信窯並送鹹閒姜塵
及蘇杭紹景雜貨閒帶回信札並押送各號商銀包由來已久前遭奉德李章柱等胃控
攪擾及腳夫參徵藝等勒索幫費強狀元寫招牌控荷　王前主訊明懲辦洽照冬元等
照僱走連其閒鹹帶回寄雄蘇杭銀信亦歸元等永走庭蒙出示曉諭在案合就風
挑恐李故雲等仍蹈前轍呈叩照案給示勒諭永禁等情到縣據批示外合行照
給示永禁為此示仰爾號商地保走信人筆知悉所有寧紹寄赴鹹閒及鹹閒
杭銀信均歸林春元等走連其由寧紹寄赴蘇杭者不准攪擾逼送至夫頭禁飭其
挑作物承催差使各信窯帮費倘私議並未託斷未便舊刻靳胎示之後再敢
爭執一經訪聞或被告發定即從重究治決不寬貸各宜凜遵勿違特示
道光貳拾肆年叁月　　　日給

天封公園內置石刻《奉憲勒石永禁碑》（供圖：章國慶）

天封塔——关乎成长的记忆

张颖洁

"天封塔始建于唐代武则天时期,因建于'天册万岁'到'万岁登封'年间,故取名为'天封'。这个广为人知的始建时间竟然存在争议……"

"现在的天封塔是典型的仿宋阁楼式砖木结构塔,在20世纪80年代依据地宫出土银塔大修之前,天封塔的外观并非如此……"

作为土生土长的宁波人,从小到大,我经常亲眼见到天封塔、亲耳听到长辈提起天封塔。天封塔是宁波的重要标志。宁波人将宁波比作一艘船,天封塔就是宁波的桅杆,宁波不能没有天封塔,就像船不能没有桅杆。毋庸置疑,我的记忆、长辈的记忆甚至是宁波人的记忆,都一齐凝结在这座塔上。然而,在正式进行天封塔口述史的研究之前,我却对天封塔的历史故事和文化内涵一知半解,甚至对一些方面闻所未闻。于是,我开启了这场关于回忆的旅途,也打开了天封塔口述史研究的大门。且允许我抛砖引玉,以序言讲述我与天封塔的故事。

小学三年级至初中三年级,在从补习班回家的路上,我总会经过天封塔。天封塔位于补习班和我家的中点上,只要看到天封塔,我回家的心情就变得更加愉悦。穿过琴桥,这座被树木围绕的红色高塔时隐时现。无论是不同于现代蓝白调高楼的鲜艳红色,还是有别于如今精致华美大厦的古朴形制,天封塔都如此出众。从前,我无比好奇,为何这样一座古建筑会出现在车水马龙的大街上。红色的栅栏围绕着天封塔,栅栏上还不时会挂上一块写有"维修中,暂不开放"的牌子,像极了一位拒人千里的顽固老者。就这样,隔着车窗,我看了近6年天封塔,渐渐习惯了在琴桥的最高点特意瞅一眼这抹鲜艳的红色，也渐渐习惯了在经过塔底下时仔细张望一下。"今天有人上去了吗？""天封塔修好了吗？""外婆说昨天散步的时候走到天封塔了耶！"……天封塔沉默无言，似乎暗藏大智慧，它就像一位深沉温润的老友，目送我来来往往，陪伴我经历四季轮回，陪伴我渐渐长大。彼时的我并不明白天封塔的任何文化内涵，却没有理由地欣赏着、牵挂着它。

不知从何时起，我注意到宁波的公交车上开始播放一则纪录片。纪录片以一位摄影师的视角，将天封塔作为类比对象，讲述了宁波城的发展。摄影师在片中介绍，他每年都会俯拍一次宁波：几十年前，天封塔是宁波最高的建筑，红色的身影矗立在白色的矮房群之中，格外显眼；渐渐地，天封塔周围出现了高楼，天封塔不再是宁波最高的建筑；时至今日，航拍图中的天封塔下虽然依旧绿荫遍地，但背景中出现了更多现代的元素。很遗憾，我并没有找到原始的纪录片，也不曾记得摄影师的名字，但初次观赏纪录片的体悟依旧清晰：那是我第一次感受到天封塔与宁波的联结共存于历史的长河中；也第一次明白了自己多年来对于天封塔的情感，本质是对生养自己的这块浙东土地的厚重依恋。天封塔是我从小所居城市的一部分，也是我无数生活记忆与成长情感的载体。它见证着我的成长，见证着无数家庭的代际传承，更见证着宁波城区的发展变迁。这座塔，拥有鲜活的生命力。

有一次，在整理家庭相册时，我发现了一张老照片，照片里，爸爸和妈妈抱着年幼的我站在天封塔的观光台上，周围的苍翠树木与鲜红的塔身和栅栏相互衬托。到底是在塔的第几层拍的这张照片呢？是一时兴起而为之还是特地摆拍呢？这些往事都不得而知了。但可以肯定的是，当时天封塔的观光台还开放着，人们进出自由，以赏城景。外公在世时，偶尔也会拿出珍藏的老照片给全家人分享，我惊奇地发现，年轻时的外公外婆也在天封塔的大门口和塔上的观光台合过影。我的家人们都是宁波城区长大的老宁波人，随着宁波的建设不断搬迁，现在安居在了距离天封塔不到两公里的地方。外公比外婆年长，知识渊博、喜爱旅游，年满70岁拿到老年证的那天，他独自坐着公交车，跑遍了大半个宁波城区的景点，其中的第一站，就是天封塔。说起来很可爱，他解释道，他那天走那么多景点，是因为门票终于全部免费了，尤其是天封塔这座家门口的建筑，终于等到了不用付钱就可以爬上去的一天。

外婆也闲不住,每天至少要出门三四趟。晚上散步时,外婆经常提议,让我们小辈陪她走到天封塔底下逛逛。在饭桌上,她也经常说起:"今天想去看天封塔,不能免门票,所以不去爬嘞。""天封塔怎么又围起来了哦,肯定又在修嘞,本来还想和闺蜜一起进去爬塔嘚。""怎么还没修好哦?""里面好黑,爬上去好危险。"……甚至有一次,她在那种老年人去开会就能免费拿礼品的地方迷路了,希望我和妈妈去接她,她描述不清自己在哪里,却能脱口而出:"天封塔在我站着的马路的同一侧,离得还蛮近的。"外公去世后的某日,外婆突然又想去爬天封塔,但是被工作人员以年纪太大为由劝阻了。她虽然有点失望,但也表示理解,她现在去登塔确实有风险,天封塔的台阶高,里面又没有灯,她的脚又做过手术,摔不得。不过,据陪同她一起去天封塔的老姐妹反映,现在塔外面的观光台封起来了,也就不太好玩了。

尽管天封塔承载着我许多的记忆,也是许多宁波人心中的航标与骄傲,但不得不承认,天封塔在宁波城市飞速发展的进程中逐渐落寞。我还在宁波读书时,公交车对天封塔这一站的播报是"天封塔、××国际旅游中心",虽然知道打广告在所难免,但是将此二者相提并论,不免还是略显突兀,反映出天封塔在现代宁波城市中的处境——孤独。天封塔地处海曙区的中心区域,是宁波老城区最繁华的地带之一,如今却孤独地立在街旁,丝毫不能融入繁华之中。天封塔北侧的城隍庙,与天封塔同属于正在规划建设的郡庙历史街区的一部分。我亲眼见证了城隍庙的改造,也对老宁波人对今不如昔的惋惜感同身受。我上小学时,城隍庙还是一个小吃街,毕业典礼后,我与同学开开心心地去吃了烤鹌鹑和虾饺;外婆、外公、妈妈和爸爸喜欢吃那里的牛肉粉丝,有时候找不到座位,他们就用手端着碗,在路边站着吃。后来,因为市容改造,城隍庙小吃街进行了整顿,现在已经模样大变。再看改造后的城隍庙,环境变干净了、秩序变好了,但是我和我的家人、朋友却再也吃不到记忆里的味道了。城市在发展,一些承载城市记忆的载体在随时间流逝,一些创造并珍藏城市故事的人在变老,我想抓住这些记忆的碎片。我开始思考,自己能够做些什么。

大学,我就读于文物与博物馆学系。在大一第二学期"文物学概论"的课上,老师要求大家选择一件不可移动文物,并写一篇概述性的小论文。那时,我最直接的想法是：写故宫吧，写黄鹤楼吧，写那些闻名全国的建筑吧。但是，在我查阅了相关资料后，却失去了动笔的动力——这些知名的建筑距我太遥远，远到使我无从下笔。闲暇中翻看相册，一张疫情前散步时拍摄的天封塔照片吸引了我的注意力，百感交集的同时，我对自己说，就写它吧，这么多年了，去了解它吧，去用现在所学到的专业知识重新认识它、解释它、传播它吧。于是，我第一次读到了天封塔的大修历史、第一次知道了它的样式演变、第一次知道了地宫的存在、第一次知道地宫里出土了那么多珍贵的文物……我也终于醒悟，从小到大，我从天封塔身上感受到的孤独感，其实是文物完整性、原真性的缺失。它脱离了与自身风格相匹配的环境，变成了城市中孤立的存在。这篇小论文我写得很快，从来没有这么快过——无数的记忆涌上心头，让我无法停止自己打字的手。在最终添加图片时，我沉默了好久，后来跟妈妈说："等疫情结束后，我们一起去天封塔看看吧，我想再去爬一次。现在的我无法保护它，无法阻止它的消逝，但可以努力留下更多与它有关的记忆。"

"书藏古今，港通天下。"天一阁与港口是宁波的两个重要标志，但是天封塔，又何尝不是宁波的另一个标志呢？天封塔在宁波城市的历史地位是怎么样的？屡次大修天封塔的缘由和细节是什么？地宫的发掘经历了哪些趣事？如何更好地向观众解释地宫出土文物的内涵？天封塔及其周边历史文化街区的保护和开放状况如何？它有哪些相关的民俗传说与民间俚语？不同身份背景的人都有什么登塔体验？……我一直对天封塔充满好奇，也一直想为天封塔做些什么。恰逢浙江大学学生科研训练的立项申报，与丁真珍和吴馨怡两位同学经过商讨，选择了天封塔作为研究对象，并在陈筱老师的建议下选用了口述史作为新颖的表达方式，将散落在民间的、沉睡在人们心里的记忆收集整理起来，形成有关天封塔、有关宁波人的集体记忆。很荣幸，项目成功立为国家级大学生创新训练项目。经过近一年的相互监督、相互勉励和共同努力，我们最终完成了天封塔口述史的收集与研究工作，将这本书呈献给大家。

口述史——关乎历史的共鸣

丁真珍

2022年5月8日,在整理完成最后一篇书稿的一刹那,我如释重负,又怅然若失。我不是宁波人。2021年3月21日,我第一次听说天封塔;2021年5月4日,我第一次登上天封塔。我在鲜有知识储备,也没有乡愁依托的情况下,扛起了项目负责人的大梁,只能泡在图书馆里,从查阅地方志、筛选史料起步,努力感知天封塔存在千年的温度:

南宋《宝庆四明志》:
天封院,鄞县南一里半。旧号"天封塔院",汉乾祐五年建。皇朝大中祥符三年改赐今额。寺有僧伽塔,建炎间毁于兵。绍兴十四年,太守莫将重建……嘉定十三年火,废为民居。

元代《延祐四明志》:
天封院,在西南隅。唐通天、登封年间,建僧伽塔,高十有八丈,以镇郡城。汉乾祐五年,建天封塔院。宋大中祥符三年,改今额。建炎间毁。绍兴十四年,郡守莫将重建。嘉定十一年火,废为民居。皇朝至元二十三年,有司例复建,犹未完。

元代《至正四明续志》:
天封寺,旧有僧伽塔。高十有八丈,建于唐万岁通天、万岁登封间。宋嘉定间再毁。皇朝泰定三年,塔大圮。至顺元年,僧妙寿等募建。

清代《四明谈助》:
天封塔,县治东南二里许。始建于唐武后万岁通天,讫于万岁登封,故以"天封"名。其制明暗为层者各七，每层六角，高一十八丈，玲珑秀拔，巧甲天下……宋建炎间毁于兵燹。绍兴间僧德华重建……嘉定十三年又毁。元泰定间大圮，至顺初海会寺僧妙寿同住持子香修复……至正间平章方国珍弟国珉重建塔院……明永乐十年雷火击毁三层，又修。嘉靖三十六年飓风飞堕塔顶；三十八年郡守周希哲重修……国朝顺治十七年住持等宝募资大修……雍正九年巡道孙诏、知府曹秉仁命监生信尔玑、生员朱世煃、住僧果心劝募重修。乾隆十六年八月飓风大作，飞堕塔顶；二十一年巡道范公清洪、郡守□□□、县令余公陛广谕绅士劝募重修……后于嘉庆三年十二月初三夜火起，七级俱毁，并新旧碑版，无一存者。

民国《鄞县通志》：

天封塔，在今城南唐塔镇天封寺旁。唐武后天册万岁及万岁登封纪元时建，故得是名。一云肇于梁武帝之天监，成于唐高宗之乾封；一云肇于乾封，成于武后之通天。旧志皆作唐通天、登封年建，考万岁通天、万岁登封二年号在一年之中，且登封前而通天后，似以天册至登封为是……宋建炎间兵毁。绍兴间重建……元泰定元年圮。至顺元年重建……明永乐八年重建；十年雷火击毁三层，是岁又修。嘉靖三十六年飓风飞堕塔顶；三十八年郡守周希哲重建……清顺治十七年重建。雍正九年重建。乾隆三年又修；十六年八月飓风大作，又堕塔顶；二十三年监生洪朝校重建……嘉庆三年十二月塔灯失火，栏楯俱毁。民国二十四年寺僧又发起重建。

《图说宁波》《听见宁波》《宁波旧影》《四明撷英》《宁波城市史》《宁波老故事》《宁波市海曙区志》《宁波市海曙区文史资料》《甬上风华——宁波市非物质文化遗产大观》《甬城记忆——宁波市档案馆馆藏影像档案选编》……我在一本本书籍中领略着"阿拉宁波人"的光辉，在一张张早去晚归的车票里捕捉着宁波城市的光影，在一幅幅档案照片中寻觅着时光隧道的变迁历程，在一篇篇考古报告中感知着历史重现的澎湃心潮，在一个个展厅中品味着古今交融的和谐大美……虽为一名"异乡人"，但在历时一年的沉浸式求索中，不知不觉地，我不仅从物理空间上走进了这座城，更从精神世界里走进了这座城——我开始钻研宁波老地图上的大街小巷，也习惯于打开宁波文化遗产保护网览胜一方，并惊讶于一座城市可以创造出如此多的欣喜与感动,可以给人带来如此多的铭心与成长,可以延展出如此多关乎时代与信仰的话题。

项目的启动阶段,在我们对应当如何将研究对象"天封塔"进行"概念化"和"操作化"一筹莫展时,陈筱老师送给我们一本书:《心城:南京城墙记忆》,我们由此接触到了一个社会学概念——"集体记忆"——社会化的集体记忆会通过特定群体中存在一定联系的人所共享、传承以及共同建构,将最美好、神圣的事或物贮存在另一个维度里,形成可追溯的、增强社会认同感的"历史",而公共建筑和空间正是凝结"集体记忆"最重要的物质载体。研究从困惑开始,从问题出发。最开始的问题大纲中,我们着重关注的是小区域中社会世界和居民的生活形态;渐渐地,我们发现了理论与现实的差异,发现了政策与实践的差异,发现了天封塔与同类文保单位、郡庙天封塔历史文化街区及同类老城街区的多维差异,发现了站在不同视角的人对同一事物状况的不同看法,发现了拥有不同技艺的人对同一元素的不同创造。非遗史料与考古实证的真实性、专业研究与民间记忆的异同性、历史价值与经济价值的平衡性、实用功能与艺术美学的时代性、展陈效果与传播渠道的延展性、文物保护与城市发展的交互性、保持原真与重塑再创的矛盾性……随着资料的积累,我们获取了越来越多意想不到的信息,我们保持怀疑、保持好奇、保持比较性的思考、保持超越立场的反思,我们从一心寻找真实,逐渐转向选择享受每一种美好的存在。

最终,我们采用了以口述史为主、实地调查与文献资料为辅的历史资料搜集途径,收获了人与人之间、人与物之间、人与事之间的多重联系和正向反馈。项目执行过程中,我们开始正视那些在平时看来理所当然而无关紧要的历史存在,并由此产生对个体记忆的景仰之心与探索热忱。充分的背景调查、充盈的问答准备、充足的信任尊重、充实的交流互动,是做好口述史研究的必要条件,也是为历史文化遗产研究夯筑核心竞争力基石的辅助手段。只有秉持开放包容的胸怀和温恭自虚的态度,才能突破文化的界墙,才能走出画地为牢的圈套,才能获得更诚挚、更全面、更生动的第一手资料。口述史是一扇联结历史与当代的大门,作为一种研究范式潜移默化地滋育着我们的学习道路,作为一种思想方式悄无声息地浸润着我们的生活旅途。未来,口述史在文化遗产传承和保护中的作用将是我们持续关注的方向。

除了社会科学与人文历史的相辅相成,我们还在遗产活化与城市规划的相克相济、媒介融合与文创开发的相类相从等方面进行了学理性思考。

我们在设问中屡次提到民间文学、传统技艺、民俗等各类非物质文化遗产元素。在许多老百姓眼中，非遗的形式更加灵活，内容更加"接地气"，跳出了官方介绍的刻板严肃，对补充地方历史文化的全貌、宣传推广相关的物质遗产大有裨益。因此，非遗赋能城市的多元开发利用，促进区域经济、社会、文化等多维度生态圈的共建，将是我们日后重点讨论的话题。

我们在设问中分别对家庭教育、学校教育、社会教育为城市历史文化传播的贡献值进行了评估，时常发现城市建设缺乏人文关怀，教育事业忽视乡土情怀。如何在市民的文化生活中、课程体系建设中、文化场所的公共服务中加入城市记忆，让日常生活的土地变成每个人心灵的栖息地，是一块值得延伸拓展的广袤领域。

我们在设问中对文创产品做了简单的消费需求调查，发现食物与文物的结合是门槛低、受众范围广的文创形式。在此过程中，我们也收获了很多有价值的建议和反馈，开辟了新思路、新方法，希望日后能凝聚更大的团队合力，利用文创传递出更精彩、更动人的文化情感价值。

受限于种种因素，本书尚存遗憾。在调研的过程中，我们愧惜地得知，最初天封塔地宫的发掘者之一虞逸仲先生已经过世，浙江省文物保护事业的重要奠基人王士伦先生也已经过世多年，创造"2381"科学砌砖法的建筑工程师陈维伟先生则于2023年初刚刚仙逝。我们对三位前辈表示崇高的敬意。

多方打听，我们依旧未能联系到20世纪80年代对天封塔大修工作予以关心和支持的宁波市时任副市长孔宪旦先生。受方言制约，我们只能依靠颖洁作为翻译，和老宁波人进行有限的、浅显的沟通。受疫情影响，我们未能在线下与一些受访者相见，也未能去天封社区向老住户们多采集一些记忆。

在此，要感谢陈筱老师的指导和帮助，为我们提供前沿的信息、指明选题的方向；感谢林国聪老师在项目启动之初担当起关键联系人的角色，为我们之后的滚雪球式寻人铺展道路。

还要特别感谢何沁怡、马驰程、王雨旋、辛雅妮、朱熠璠（按姓氏拼音排序）在音频资料转译和编码过程中提供的帮助；感谢所有支持并鼓励我们的各位受访者，希望此书能不负众望，"聚沙成塔"，凝聚起天封塔一点一滴的宝贵民间记忆。

目 录

第一章　稽古揆今：考古发掘者 / 1
　　一、林士民：曾任宁波市文物考古研究所所长 / 2
　　二、丁友甫：曾任宁波市文物考古研究所研究员 / 7

第二章　飞阁流丹：古建修复者 / 27
　　黄大树：浙江省临海市古建筑工程公司董事长 / 28

第三章　高屋建瓴：遗产管理者 / 41
　　一、徐炯明：宁波市文化遗产管理研究院书记 / 42
　　二、黄浙苏：宁波市文化遗产管理研究院副院长 / 51
　　三、许超：宁波市文化遗产管理研究院副研究员 / 58
　　四、章国庆：曾任宁波市天一阁博物馆副馆长 / 66

第四章　博物洽闻：博物院工作人员 / 77
　　一、陈超：宁波博物院陈列展览部策展人 / 78
　　二、陈明良：宁波博物院典藏研究部副研究员 / 84
　　三、何毓峰：宁波博物院陈列展览部策展人 / 88

第五章　春风化雨：高校教授 / 97
　　一、刘恒武：宁波大学人文与传媒学院教授 / 98
　　二、项隆元：浙江大学艺术与考古学院教授 / 101

第六章　各抒己见：文史研究者　/　105
　　一、李本侹：宁波市鄞州区文物保护管理中心文保员　/　106
　　二、周东旭：宁波文化研究会理事　/　132
　　三、黎毓馨：浙江省博物馆历史文物研究部主任　/　140

第七章　各有所长：文史爱好者　/　151
　　一、周光磊：公众号"宁波人物"联合创始人兼市场总监　/　152
　　二、水银：宁波地方文史爱好者　宁波老照片、老地图收藏者　/　157
　　三、孟祥宁：视频号"DEEPIN宁波"创建人　/　168

第八章　自出心裁：艺术设计者　/　181
　　一、钱永杰：宁波市江北智高无尚模型设计工作室创始人　/　182
　　二、应杭川：宁波应先生文化传播有限公司创始人　/　193

第九章　众说纷纭：相差七十岁的声音　/　201
　　一、陈韬羽：宁波市鄞州区钟公庙实验小学小学生　/　202
　　二、徐哲霄：宁波文史与摄影爱好者　/　206
　　三、宁波博物院志愿者讲解员　/　209
　　四、天封塔游客　/　212
　　五、天封社区小卖部老板和老板娘　/　216
　　六、天封塔景区售票员　/　219
　　七、天封社区居民　/　225

书末推荐语　/　228

第一章

稽古揆今：考古发掘者

一、林士民

曾任宁波市文物考古研究所所长
天封塔地宫发掘者

发表文章《浙江宁波天封塔地宫
发掘报告》《天封塔地宫探秘》
下文用 Ax（1）表示

林士民先生的夫人
下文用 Ax（2）表示

林浩
宁波市文化遗产管理研究院
安全监测中心主任
林士民先生之女
下文用 Ax（3）表示

Q₁：请问您作为宁波人，对天封塔有什么特殊的印象或记忆呢？随着这些年宁波的城市发展，您对天封塔的印象有没有发生变化呢？

A₁（1）：塔有两个宫殿：天宫与地宫，天宫在塔顶上面，地宫在塔下。天封塔地宫的考古形成了专门的发掘报告，里面有对出土文物的详细介绍。在老照片里，天封塔的木结构部分塔檐早在清代就被毁掉了，所以长期以来，天封塔只剩下一个光溜溜的、圆锥形的塔心。

以前宁波并没有高层建筑，天封塔是宁波市最高的建筑，因此老宁波人想要登高的时候一般都会去天封塔。20世纪60年代天封塔刚开放时，登塔是2分钱一次，现在5块钱一次。政府对天封塔也很关心，1961年设天封塔为市级文物保护单位。当时外地人到宁波来也没有什么可玩耍的景点，所以大家都会偏向去天封塔玩。

20世纪80年代，天封塔受台风影响有点倾斜，老百姓和政府都认为比较危险。一小部分人觉得，应该拆除旧塔，仿照其样式，用钢筋混凝土重新建一座水泥塔，这样既安全又能长久保存。相关领域的专家主张要保护我们老祖宗留下的文化遗产，认为不应该拆除旧塔，因为如果完全重新造一个塔，新塔就没有历史意义了，我们要对历史负责。从1983年4月宁波市人民政府向浙江省人民政府发出《关于宁波天封塔拆建问题的紧急指示》，到国家文物局派专家来现场勘测后，浙江省文化厅于1984年7月的批复，一年有余，天封塔中心向东北的偏离就明显地增加了0.055米。最后，政府听取了大多数人的意见，在保证塔身不变动的情况下，对塔身的损坏部分进行大修，对塔基不牢固部分进行加固，并最后开放。所以，目前的天封塔保留了原来天封塔的一部分，并对旧塔的外观也进行了一定的修饰。

A₁（3）：我刚参加工作的时候，天封塔归我们单位（宁波市文物保护管理所）管理，当时修路、轨道交通建设都要为塔绕路。后来上级要求天封塔要开放，就形成了如今我们看到的天封公园。以前天封塔被围起来，像小院子一样，但现在大家可以从各个方向随便走了，这其实增加了天封塔的管理难度。10年以前，天封塔有一阵子归天一阁管理，2019年左右回归宁波市文化遗产管理研究院管理。出于安全考虑，塔的观光台外围新增了一圈栏杆，所以现在大家去登天封塔，只能在塔身内参观。塔内过于狭窄，游客登上去会比较累，我们现在也想增加塔内的亮度，以进一步保障游客的安全。相较于历史上多次被毁的天封塔，位于中山路上的全国重点文物保护单位——唐代的咸通塔，原真性更强，因为咸通塔没有被毁掉过，是在原来遗址的基础上进行修缮的。

Q₂：从1982年宁波市政府决定大修天封塔，1984年7月开始大修工程，到1989年12月正式竣工，林先生有参与其中吗？

A₂（1）：大修方案是多方协商共同定下来的，设计方案研讨会参与方包括市政府、市城乡建委、市规划局、市建设局、市文化局等等。我作为市文管会负责人、天封塔发掘领队，肯定得重视这项工作。当时孔宪旦副市长也非常关心，经常亲临现场督促、检查、指导工作。

我们大修塔身的主要目标是砖体部分。因为砖体是骨架，木结构部分都附在砖体上，又由于宁波处于海相沉积的软土地段，地坪坚固才能保证上面的建筑物不变动，所以我们加固了塔身和塔基。因为民众渴望宁波能恢复历史上优美壮观的天封塔，而不是被毁坏后光秃秃的天封塔，所以我们按比例逐级收缩进行了外檐修复。这些方案的设计和制定我都参与了，但具体操作过程没有深度介入。

Q₃：林先生主持了全市第二次全国文物普查工作，我们知道第二次全国文物普查始于1981年，到1989年结束，近代对天封塔的几个重要研究节点都在此时间段内，正值林先生主持宁波文物管理方面的工作，那么林先生对天封塔相关的具体工作还有印象吗？

A₃（1）：天封塔是第二次全国文物普查中的一个点。我们为了搞清楚天封塔的塔基情况，专门对天封塔的塔基做了清理。在这个过程中，发现了唐代的老塔基，现在的塔基在唐塔基旁边，是南宋绍兴十四年（1144）重建的。当时的地宫并没有遭到什么破坏，因为上面有石板把它盖起来。在天封塔地宫里，宁波第一次在塔里面发现地宫银殿，银殿里面包含了许多具有科学、历史、艺术价值的信息。日本文化财建造物修理技术专家鸣海祥博发表过相关的比较研究，发现天封塔地宫银殿所呈现出的格框横断面呈三角形的门,也见于日本正治二年(1200)兴建的东大寺开山堂和正平十二年(1357)建成的道成寺本堂;日本法隆寺的橼子也是像天封塔地宫银殿一样,橼子从中央到四角都为平行排布。银殿的复制品由中国历史博物馆(今中国国家博物馆)制作,质量非常高。历史上,除了天封塔,还有天封寺,天封塔在天封寺里,但天封寺现在已经没有了,《鄞县通志》(民国版)中,有关于天封塔和天封寺的记载。

Q4:从1982年天封塔地宫被发现开始,林先生不仅主持了天封塔发掘工作,还同时进行了许多其他考古项目的工作,先生在这近十年间的工作和生活状态是怎样的呢?

A4(1):当时只有我们单位(宁波市文物管理委员会办公室)几个人有一定的技术,能搞得了发掘,单位要负责地上和地下文物的研究、保护、管理等一系列业务,一般谁发掘的,谁就会研究多一些。民工一直都有,宁波城区附近的一些农民会来帮忙挖土。当时没有技工,所以拍照、记录、发掘、写报告全是我们单位的考古人员自己弄的。现在有了来实习的大学生,还有技工,但是细节处的小东西还是得我们单位的人自己清理出来。

A4(2):那个时候他(林先生)经常不回家。我们不论是大人还是小孩,都全力支持他的工作。他要出差,小孩就主要由我来带。我当时也有自己的工作,小孩子在上幼儿园,孩子的奶奶年龄也大了,我就只能喊孩子的外婆过来帮忙。考古工作是很辛苦的,过去基本都要靠人工完成,现在科技发达了,情况好多了。

Q5:林先生是1991年发布的《浙江宁波天封塔地宫发掘报告》的撰写者,除了我们看到的官方报告,林先生有没有留下发掘和研究天封塔时的手稿、图纸或其他实物材料呢?

A5(1):天封塔地宫的考古资料已经全部发表在《文物》杂志上,所绘图纸和各种手稿在当时就已经全部上交了,但是文保所或考古所等机构一直在重组变动之中,在此过程中手稿可能基本都遗失了,可能偶尔有一些存储在了计算机里。过去的考古报告一般由考古发掘的领队完成,我作为领队主笔完成报告后，会有人帮忙整理，发表在《文物》上。在地宫发掘完成后，我们在天封塔里举办了一个天封塔相关图片的陈列，因为当时地宫出土的文物特别多，所以具有办这个展览的契机。

A_5（2）：他（林士民）写了两篇文章，一篇是《天封塔地宫文物发掘报告》，于1991年发在《文物》上；另一篇是《天封塔地宫探秘》，于2009年发在《中国博物馆》上。

Q_6：您有注意过刻有"天封公园"的石头吗？传说唐代镇海招宝山的一条鳖精经常兴风作浪，淹没宁波城，一个民间老石匠在四明山上采得一颗宝珠，借此宝珠杀死了此妖，天封塔就是为了保存这颗宝珠并镇压甬江蛟龙所建。石头上就刻了这一民间传说，您怎么看待这个传说和公园设计呢？

A_6（3）：雕塑是设计公园的人自己创作出的现代艺术，这些民间传说可以看成非物质文化遗产，但是经不起考究。我们考古必须要看到实物，不能凭猜测和想象，要拿史证说话。这是非物质文化遗产和物质文化遗产最大的区别。

Q_7：如今，天封塔地宫出土文物被放在宁波博物院的"海上丝绸之路"展厅，您认为天封塔和海上丝绸之路有什么关系呢？

A_7（3）：目前，地宫出土的所有文物都放在了宁波博物院，这些东西佐证了天封塔的价值。宁波本来就是一个开放的港口城市，宋朝已经有了市舶司，相当于现在的海关。以前，天封塔不仅是一个佛塔，还是一个航海的灯塔，从地宫中发掘出的很多东西是舶来品，可能是信仰佛教的人放进去的。比如装香料的玻璃瓶，既有可能体现了当时对外贸易的情况，也有可能代表了佛教文化的国际交流。

二、丁友甫

曾任宁波市文物考古研究所研究员
天封塔基址和地宫发掘者

发表文章《浙江宁波天封塔基址发掘报告》《天封塔地宫探秘与塔基发掘》

Q₁：如果不站在专业人士的角度，而是作为一个宁波的普通市民，您对天封塔有什么印象？宁波文化遗产保护网上，对天封塔塔基考古发掘的描述是：1986年至1987年，文物部门又对天封塔塔基进行了抢救性考古发掘。当时是在怎样的情况下开展了"抢救性"发掘呢？

A₁：以前我就听说过天封塔是唐代的建筑，也知道一些天封塔的传说，但是我都没在意。我专门接触天封塔是从自己工作开始。当时宁波市文物考古研究所没有几个人，就我、林士民先生还有虞逸仲书记，所以和其他单位合并用一个会计，我负责出纳——就是报账。因为20世纪70年代末天封塔是对外开放的，门票收费是两角钱，我每个月需要去算一次账，比如这个月卖了多少门票，把票据核对一下，从这个时候开始，我从财务上真正和天封塔有些关系了。有位阿姨退休后，又来天封塔找了份清闲的工作，边卖票边守门，她告诉我天封塔有定风珠，塔下面还有一口井。到底有没有这些东西谁也不知道，后来这些问题也逐渐得到解决，这是我接触到发掘后的事情。

清嘉庆三年（1798），天封塔遭遇火灾，烧掉了木结构的檐柱，留下塔刹和砖石塔心，这种状态延续了近200年。20世纪80年代初，塔周围是老百姓的住所，东面、北面、西面三面有平房，南面就是宁波市第九中学分校的校址。朝北的门任何人都可以进去，但是大家从外面进天封塔去参观还是比较困难，因为三面都围起来了。居民老是向我们单位打电话反映情况，类似现在的举报，说有一些去天封塔参观的人会扔烟头，而塔下有人在晒衣服、晒被子，担心会烧起来。我们知道宁波是台风多发的城市，到了台风季节，居民担心天封塔会倒，危及他们的生命，要我们想办法，最好能让他们搬离或者将他们安置好。但是我们单位承办不了这些事，因为即使天封塔不开放，这些事情也还是会客观存在的。

后来各级政府也知道了这件事，针对天封塔到底会不会倾倒这件事情也专门开过会，有两种意见：一种是认为这个塔很危险，里面塔壁上也有很大的裂缝；另一种意见认为塔不会倒，争论不断。每到台风之际，塔的安全状况就愈加堪忧，最终政府同意了大修天封塔。在大修工作的论证过程中，也有不少争论：有的人认为是塔基出了问题，有的人认为是塔身出了问题。市政府规划处的张思杰带队去勘探天封塔的塔基。对于塔的外面，他们说没有什么问题，但是当他们进入塔里面后，把第一层中间这一块挖下去，就发现了石函和地宫，当时石函的盖子已经打开，上面雕了一个三角符。还有一个大石板，把这个石板掀开后，发现里面有一个门。他们就不敢动了，于是马上报告给市文管会办公室了。

Q₂：考古所和文管会是什么关系呢？打开地宫后又进行了怎样的操作呢？

A₂：宁波市文物考古研究所是1998年由宁波市文物管理委员会转过来的。宁波市文物管理委员会由各个单位组成，我们这里是办公室，还包括公安、城管、城建等单位。

张思杰等人将天封塔的情况报告给我们办公室时，林士民先生还在保国寺，我跟虞逸仲书记两个人就去清理地宫。地宫打开以后，用手电照下去，我们只看见一道白光反射上来，当时也不知道里面有什么东西。后来才知道这就是天封塔地宫殿的屋顶，类似于保国寺大殿这种房子的结构，上面这部分是发亮的，所以用手电照上去会反光。我们既然打开了这个东西，就需要清理。我们当时过去得匆匆忙忙，书记年纪比较大，单位里就数我最年轻，于是我就先下地宫了。因为我之前没有做过这样的事情，所以也不知道怎么去做。发掘地宫的时候没有梯子，塔基里面大概1米多深，挖得弯弯曲曲，上面挖的孔也不大，我就站在石函的边上。柱子是木制的，由于长期泡在水里，都塌掉了。石函分为两截，上一截是盖子，盖子和下面基本上是同宽的，里面都被水浸泡着，之所以会发亮，是因为当时银殿的屋顶没有被水浸泡，其他的地方被水浸泡了，因此被照射时没有反光。我当时很纳闷：这个水是怎么来的呢？是用来保护这些东西的吗？有没有毒呢？我赶紧去买了一副橡胶手套，取了一部分水，拿去做了化验，同时我们把水掏干了，把里面的东西也拿出来了。我们从下午两三点开始干活，干到了晚上九点多，把取出的东西拿到了办公室。之后的绘图和文章是由林士民负责的，照片是由我来拍摄和冲洗的，当时照片都是黑白片，还没有彩色的照片。我是单位里最忙的一个，

9

我的工作除了外面抢救性的考古发掘项目以外，还有调查、处理、拍照片等等。当时天封塔的发掘我是挺认真的，按照考古规矩来做。当时不像现在我们单位有文物的数字化照片，所有资料都要上交单位的，我们把手稿、照片、小结等重要的东西都上交了，也有一部分黑白胶卷留到了我们手里，现在有时候办展览需要用，但由于历史久远，已经很难冲洗出来了。

Q3：在基址发掘报告的文末，还注明了有一位汪日龙先生负责绘图，天封塔基址发掘的人员组成为何呢？

A3：汪日龙是临海古建公司过来负责绘图的。天封塔的西面有一个院子，有一部分古建公司的泥工、木工、小工住在那里，我们用的民工都是他们的人。起初，在塔本身的问题没得到解决之前，我们并不确定塔基是否需要大修，谁也不知道到底是不是塔基影响了塔体的倾斜。随着群众希望塔基安全得到保障的呼声越来越高，国家文物局最后同意了大修塔基。正是因为塔基需要大修，古建公司才过来配合我们文博单位的考古发掘工作，你们今天看到的都是经过现代化防护的塔基。

Q4：在塔基发掘和大修前后，您是否有新的发现呢？

A4：塔基发掘之前，我们先拆了一小部分的塔，那时发现了一些东西。塔上第三层里有一个锡制的盒子，盒子里有一个观音，可能是1957年修塔的时候放进去的。我印象很深，里面还有5分钱的硬币，硬币上印有1957的年份。拆塔的时候，还发现了经卷，本来应该放在两头封死的筒里，但我们发现有些筒是开口的，被砌在暗层的砖缝里面，估计是因为佛教徒念过经后把经放进去，长时间过后就自然风化了。除此之外，还有一个石盒子，石盒子里面有一本《妙法莲华经》，现在藏于宁波市天一阁博物馆。

Q5：现在的天封公园内还有一个塔刹，是什么时候拆下来的呢？

A5：应该是明朝万历年间拆下来的。当时传说塔顶上有鱼，有一个说法是这个鱼是鸟带上去的，因为当时塔上是有水的，中间有凹槽。但是我想鱼也不会活这么久，水一干可能就死了。是不是有人把活鱼带上去的，我们也不清楚。

Q₆：我们注意到2010年有报道称，在天封塔南边50米处的塔影巷发现了疑似塔林，在这里发现了4座形似僧塔的方形塔基，专家认为这是北宋时天封塔院遗存，后来您有没有就考古发现对疑似塔林提出新问题、对天封院展开新研究呢？后汉时期的天封院和天封塔有怎样的关系呢？

A₆：文献上记载很多，最早先有塔后有院，你们也查得到。后来因为莲桥街要开发，当时城隍庙和天封塔属于保护区域，所以我们参加了这个考古项目。这一片有很多与佛教有关的东西，比如说在原五台开元寺遗址，找到了北宋年间寺庙戒坛的铭文砖。从天封塔院这个位置发掘下去，还有一些不大的、残缺的、烧红的佛像。因为南宋时金兵过来，把东南角这一块区域都用火烧了，我们考古时在地层中也发现了很多烧红的瓦片。在塔影巷这里还发现了4座僧塔一样的东西，好多人推测这是个桥墩，想来想去也猜不出这到底是什么，因为没有发现其他的遗迹和充分的证据说明它究竟是什么。从旁边的遗物和时代上来看，可以推测是宋代与寺庙相关的东西，所以我当时猜测是塔基。当时我没有发现天封寺的位置在哪里、有多大范围，更确切地说那边应该是叫天封院。

Q₇：那么后来对天封院有没有更深的研究呢？

A₇：因为我们这个考古项目是抢救性的，要在规定时间完成，否则会影响建设工期，建设单位一旦动工，我们就没有办法再做什么，除非有新的发现。而且当时的考古经费是建设单位出钱的，所以考古项目我们当时做得很困难，也没有机会深入研究下去。

Q₈："天封塔始建于唐代天册万岁和万岁登封年间"，这是公认的说法，但天册万岁二年，73岁的武则天到嵩山封禅改元为万岁登封，也仅仅3个月后就改为万岁通天。清代史学家全祖望和清末民国的文人杨霁园都认为，若依照年号顺序命名,应读作"封天塔","天封塔"只是表示高。您认为天封塔命名的由来是什么呢?

A₈:我对于天封塔的名字的由来也有点怀疑,因为"天册万岁"和"万岁登封"也就存在了两年时间。我们当时发掘塔的目的最主要是弄清它是不是唐塔,或者是不是在唐塔的基础上加盖宋塔。根据结构类型,我在发掘报告上认为唐塔和宋塔不一样,不太可能在这个地方存在唐塔。文献里面有说,唐代我们宁波城市里面已经有很多佛教相关的东西,比如咸通塔是在咸通年间建造的,就是现在的天宁寺塔,但是这个天宁寺是后来命名的,最早叫古宁寺,塔的名称是根据寺院的名称而变的。我相信天封塔是有唐塔的,宋塔是金兵把城市烧毁以后重新建的,但是对于老百姓来说,他们不知道这个是唐塔还是宋塔,所以我把报告发出去,就是想让大家通过考古知道塔本身到底是什么情况。

Q₉:1957年对天封塔的大修"用水泥将塔顶封牢,给塔身加装上六道钢箍,转角处都用水泥加以填封,全部采用钢筋混凝土栏杆,第一次装上了避雷针……给天封塔穿上了'西装'",这对20世纪80年代的大修有没有不良影响呢?

A₉:1957年的大修是鄞州区文管会来做的,当时对文物工作没有那么重视,有没有经费问题或者其他困难我们也不得而知。当时修塔的理念,和我们现在相比,肯定是不一样的。1957年,主要是把窟窿填上,木结构的斗拱、塔檐都翘出去了,被火一烧就出现了一个一个的窟窿。当年用水泥填,只是想要把塔加固到不倒塌而已,不可能考虑到文物建筑修复的相关规定。当时修理的工匠可能还比较重视佛教,放进去观音像、崭新的硬币。石函里面除了钱之外还有粮票,对我们来说这个东西放进去是好的,因为给我们后来的人判断时代提供了依据。正是因为有了粮票,我们才知道1957年发生了什么。

Q₁₀:后来发掘出来的文物都放在了宁波博物院吗?

A₁₀：要分两个部分说：宁波博物院里面放的东西都是地宫里出土的，没有塔基里面出土的，塔基出土的在市考古所，比如外足底墨书"天封造塔司公用"的碗、墨书"天封"的盘。我在职的时候，市考古研究所做完项目后，会把一部分东西交给宁波博物院，为博物馆提供藏品。宁波博物院的藏品来源一是由市考古所提供，二是由宁波博物院自己征集。

Q₁₁：丁先生曾经参与《宁波博物院陈列大纲》第一、二部分的资料收集、论证及编写工作，其中"东方神舟"展厅有一块专属于天封塔的陈列，当时您有参与这部分内容的修订吗？如果有，是如何考虑这样布局和选择展品的呢？

A₁₁：基本陈列"东方神舟"主要是介绍宁波的历史，其中一个板块"海上丝绸之路"里就有陈列天封塔地宫出土的东西，因为天封塔出土的东西相对完整、上档次，有一部分二级、三级文物，对于展陈而言是有可观赏性的。其中有一个玻璃瓶，林士民的文章里说这个玻璃瓶中可能放着香料，认为香料进口会和海上丝绸之路有关，现在科技测出来它也可能是化妆品。还有从南洋进来的厨具，以及东亚、东南亚的钱币流通到这边，都可能与海上丝绸之路有关。发掘地宫时，石函外面有一个包裹的石筐，外面还有一块大石头。石函上面是盖子，下面有一个竖的石板，两者之间有10厘米，所有的铜钱都被填在这里。当时我们清理了一箩筐铜钱，有日本的，也有越南的。铜钱和塔身结构没有关系，都是佛教徒捐赠的，因为佛教徒希望国泰民安，会有钱出钱、有力出力，会出钱来造塔、捐砖、捐东西，这些信息都记录在塔砖的铭文上。有一块"乡贡进士王居隐造第一层"铭文砖，石函盖的上面就是王居隐造的第一层塔，这个东西很关键。在佛教中，7层浮屠是最高等级的佛塔，明7层暗7层，一共有14层，但是天封塔数来数去只有13层，是因为王居隐造的基础层没有算上去。这也是我们发掘塔基之后才明白的。

Q₁₂：您有做过关于天封塔在海上丝绸之路的地位和作用的研究吗？传闻天封塔是海上丝绸之路的灯塔，但我们查阅历史地理地图后发现，天封塔远离海岸，还被山丘阻隔，其能否起到作为航标的作用呢？

  A_{12}：我很赞成有人之前说的宁波像一条船，天封塔像一根桅杆。宁波是沿海城市，一到入海口就能看到天封塔。在1467年入明州的日本僧人、画家雪舟的《唐山胜景画稿·宁波府城图》中，有一个东门城墙，东门以外就是现在的奉化江，再往北一点就是三江口（"三江"指甬江、余姚江、奉化江），现在往北的叫作余姚江，当时叫慈溪江，作为浙东运河中的自然河道，曾经是漕粮海运的重要河道，也沟通了内陆和海上丝绸之路。当时相距那么遥远都能看到天封塔，看到天封塔就是到达了宁波，所以天封塔是一个航标，我很赞同这句话。

  Q_{13}：20世纪的邮票、图书、各种广告上都会画天封塔，而今天天封塔几乎淹没于城市之中了，您对天封塔及其周围环境的变迁有何感触呢？

  A_{13}：天封塔现在都被高楼大厦围起来了，可能已经逐渐被年轻一代人淡忘了，它的来历和作用就更不为人知了，需要更多人去宣传。1984年，江厦街造了一个10层的宁波工业品展销大楼，比天封塔高了20米，大楼造好后，人们已经不可能从入海口看到天封塔了。能看见天封塔是好事，但是高楼大厦把天封塔挡住也是没有办法，因为不可能不造高楼大厦，这是有利有弊的。当时天封塔三面都有小房子，参观人员出入不方便，现在天封塔已经完全暴露在外面了，我认为政府也是做了一件好事，相当于把天封塔交还给民间了。当然现在外地人来观赏天封塔，还是会出现有人一直在房子之间绕，找不到登塔入口的情况。

  以前，我们单位想就天封塔会不会倒的问题去勘测一下情况，我在塔上伸出一根杆子，用一个锤球吊着，如果这个球对应的点不移动，那塔就不会倒，假如说有偏移，那么就去测它会偏到哪个方向去。但是我们在测试的时候，发现线吊不直，所以测试结果不准确。建设部门可能也测过，后来才决定大修，但是他们测出的数据结果我不清楚。在我当时的考古发掘报告里，天封塔的位置在开明街、大小沙泥街交界处，现在这里的地形地貌都完全变掉了。当时在宁波，只要站在天封塔上眺望，往东可以看到出入天童寺的路标镇蛇塔，往西可以看到四明山，都是很清楚的，但是现在，气候变化，环境受到污染，高楼大厦的数量也多了，哪怕在最好的天气里来看，也什么都看不见了。

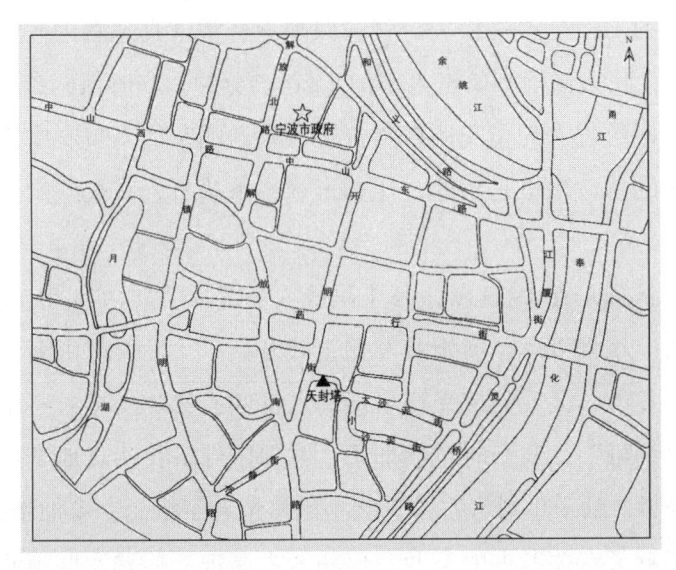

天封塔地理位置示意图（引自丁友甫《浙江宁波天封塔基址发掘报告》）

Q₁₄：从相关人物报道中，我们得知丁先生并非考古专业出身，而是在参加工作后才接触考古。您为了工作自学考古一年半，后来还去了杭州大学文博专业进修了近两年。当初是为什么产生进入考古行业的初心，又是靠什么样的毅力坚持学习下来的呢？

A₁₄：刚参加工作时，我是一个被招聘上来的知青，所以谈不上对考古有初心。25岁时，我进入了文化系统的"图书文物馆"，这是图书馆和文物馆的结合，当时的图书馆在天一阁。单位里只有五六个人，林士民先生分管地上文物，他相当于我的老师，很多工作都是由我跟他两个人完成的。我们单位变来变去的，在文物馆里面还叫文物管理委员会办公室。时任书记就驻扎在保国寺，我进来后待了一个月，第二个月书记让我也去保国寺，在那边管好泥工、木工，做好接待工作等。我还是讲解员，既讲解天一阁，包括里面有多少藏书，主要有哪些精品，为什么叫天一阁，这是怎么保存下来的；也讲解保国寺，保国寺的结构主要是什么……这些工作都是暂时的。后来宁波市成立了文保所，保国寺就移交由文保所管理。林士民先生也是半路出家，曾去湖北宜昌的红花套遗址接受培训，回来后带回了一些培训资料，比如考古手册，里面有新石器考古、商周考古、秦汉考古……我当时很用功，因为知道自己之后的工作与这些相关，就在保国寺非常认真地看这些资料。当时交通很不方便，我去保国寺要坐火车加步行45分钟。当时保国寺上面的泥灰是在天一阁捣好送过去的，我还得负责接待来送泥灰的人员吃中饭。中饭是我们用大锅蒸的，口粮也是粗粮，比如玉米、番薯干，有配置定量的，我是12.5公斤定量。

河姆渡的试掘是在1973年，林士民等人去参加了。1975年11月，也是保国寺大修的一年半以后，河姆渡发掘正式开始了。发掘是由浙江省里面自己主持的，把各市、区、县接受过培训的人都叫去参加发掘，还组织了"亦工亦农考古培训班"，我当时也参加了。在保国寺，我认真地学习了林士民先生给我的资料，脑子里对考古是怎么一回事情有了概念，参加培训班以后，更进一步地了解了有关考古的东西，比如考古调查、墓葬发掘等原先资料上没有的东西，使得我掌握的知识更加丰富了。在河姆渡，我们发掘的是一条小河的残方，我开了一个10米乘10米的探方，林老师在边上，不懂的可以问他。我就在这个时候打下了田野考古的基础。培训班结束之后，马上就进行了河姆渡文化调查，目的是看看河姆渡文化在其他地方还有没有分布，我跟省里的考古人员把整个余姚地区都调查遍了，发现了很多河姆渡晚期的文化遗址。这一调查虽然辛苦，但对我的业务水平提升有很大帮助，我对记录、照相、绘图等各个方面都越来越熟悉。

后来，从前的杭州大学开设了文博专业培训班，其实是为了照顾一些上了年纪但是没有文凭、评职称有困难的人，办的大专证书班，一般学制是一年半，有三个月集中在学校里参加培训，省文化厅就会承认你的大专学历。当时班里的学员水平差异很大，因为文博专业要学绘画史、古钱币、古文字、青铜器，一年半去学透彻这么多内容是不太可能的，我去主要是学习考古，哪方面有了问题或思路，我就去请教哪方面的老师。我们也没有书，现在我还留着那时的笔记本。

后来省里的考古人员多次来宁波，基本上都是我来接待、和他们一起做项目，我也跟宁波底下的县市进行对接联络，在基层做一些实际工作。结婚之后，我长期和家里人见不到，当时去奉化要两小时，去象山要四五个小时。有时家里发大水也叫不来我，我夫人只能喊他弟弟来帮忙，家里人对我的工作还是挺支持的。长期以来，我对自己的业务工作有很高要求，什么事情没有处理好都是我来负责。这些年我基本上参与了（宁波市）所有的考古发掘工作，但因为忙于实践，没有时间转化为文本性的成果，所以我直到2002年才被破格评上高级职称。这就是我工作、成长路上的总结。

Q_{15}：您在一线工作多年，最自豪的事情是什么呢？

A_{15}：对于宁波的城市考古，不管是什么问题我都能回答上来。我本来应该在2010年就退休，但退休以后单位返聘了我，我干到2019年（70岁）才退休。我们单位缺人，而且在宁波搞考古的土生土长的本地人只有我一个，后来招募进来的学生都跟着我干。我们单位还没取得考古发掘团体领队资质之前，我们只能做城市考古，2006年5月国家文物局发文，我们单位有了资质，可以做抢救性项目，业务量也大了。但领导说我就不用去乡下了，就做城市考古吧，做城市考古需要对城市有所了解，外地人总需要花一些时间了解宁波的文献和地层。比如有一个陕西来的技工去探测遗址，他探测出黑的泥炭层后马上报告说有大墓，因为按照陕西的情况，他是探测到木炭了，但我看了之后，发现那是本地的禾本科植物腐烂之后的泥炭沉积层，已经有4000多年了。所以，要让现在的大学生理论知识丰富很容易，但是要对宁波的遗迹遗物有充足的认识还是有一些困难。

Q_{16}：您从事了多年考古工作，现在考古和以前考古相比，有什么区别呢？

A_{16}：现在考古和以前考古的主要区别在知识、技术、政策三个方面。从知识方面来讲，现在的知识太多了，网络上的内容也很多，而以前这些知识都是很封闭的，一般人除了一些期刊上面的文章，几乎看不到其他的东西。技术方面，现在的技术提高得非常快，譬如发掘城墙以后，以前都是拉着方格线去画，需要很长时间；现在的学生们都是电脑绘图了，还有拿着数码相机拍完转换到电脑上去，速度非常快。如今的政策变化也很大，考古工作日益受到重视。自从20世纪90年代宁波出台了《宁波市历史文化名城保护规划》，划定了第一批老城区九大重点考古区，在旧城改造中牵出的城市考古就有了人民政府的支持。以前是我们为了保护文物，主动去和建设公司联系，现在是工作找上门来了——没有我们对地下文物的报告，建设单位就不能动工。现在，我们所里一个人分管1~2个工地，具体工作是高校在做。高校学生也把这当作学习的机会，在老师的帮助下完成科学记录、报告撰写等程序，这样我们单位就轻松了。以前的工作和现在相比差距太大了，归根结底是大环境的文化建设做得好起来了。

Q$_{17}$：天封塔的考古也碰到了各方面的困难吗？

A$_{17}$：天封塔考古的困难有很多。过去塔旁边是一个学校，每到学校的下课时间，学生们就往遗址里跑，后来我们买了毛竹拦起来，上面写了"非考古人员不入"，情况才稍微变好。但小学生一放学又会来这里敲砖头玩，可塔砖也是文物。汪日龙当时就抓住一个小朋友，这个小朋友往后退，退得摔倒在地上哇哇地哭，哭喊说大人打小孩。他的家长后来过来后，我们还说明了情况，陪他去了医院，医生说他没有问题，最后去派出所平息了这件事。后来我们也去找校长，让他们提醒学生不要去天封塔发掘的地方，不要去打扰我们的工作。每一处考古从基础工作开始做到结束都不容易。

Q$_{18}$：中国中外关系史学会会长耿昇教授讲到法国人在《中国出口贸易实地考察》中描述道："中国最美的宁波城……具有大量的历史古迹。其中最引人注目的……名为敕封塔（即天封塔）……在塔壁上发现了法国三帆阿尔克梅纳号上多名海员题画的名字，该船曾于前一年访问过宁波。"我们在修缮过的地宫墙壁上并未发现有题画痕迹，请问您了解塔壁上的题画和塔砖的其他情况吗？

A$_{18}$：现在的天封塔经历过拆塔大修。我没有从头到尾参与拆塔，当时时间紧，我们是轮班工作的，我尽量把铭文砖都挑了出来，但并没有发现你提到的题画痕迹。大修时，大部分塔基里置入了新的水泥方砖，塔基上面再做一个平台，让水泥柱子延伸上来；塔底铺了一些拆下来的老砖块，水泥柱子的下端就砌在里面。相当于老砖的位置都已经变动过了，有些砖散落别处了，地宫的墙壁也是后来修的，很难找到最原始的题画痕迹。

Q_{19}：您在研究天封塔的过程中，是否有尚未解决的困惑呢？

A_{19}：我也有纳闷的地方，我的文章提到第三层的第11亚层里有倒覆的30口缸，排列成六边形，每边5只，大多数都残了，只有半个，缸里都填满了夯实的土。天封塔本身是一座佛塔，我去请教了研究佛教的人，可惜没有人能说清楚缸是用来做什么的。太原晋祠水镜台的戏台地下也埋了8口大水缸，有人说是当扩音器用。我在天宁寺发掘，塔基里也有缸，具体这个缸有没有宗教意义、对基础结构有没有加固作用，我也不清楚，所以我在城市考古中也留下了遗憾。有些人对自己不知道的东西也会发挥想象、自圆其说，但是我对于自己不清楚的东西不会乱说，所以就没写也没发表。

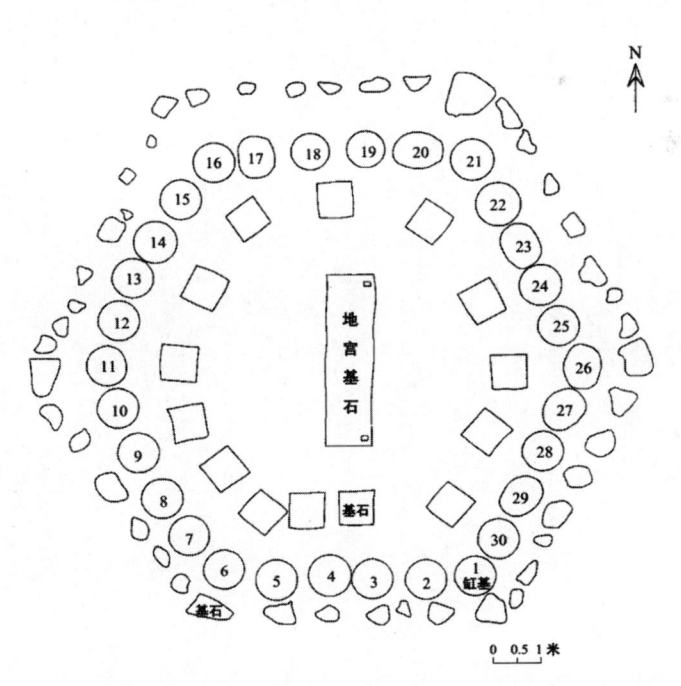

基石、缸基平面图（引自丁友甫《浙江宁波天封塔基址发掘报告》）

Q₂₀：您认为现在的天封公园建设情况如何呢？

A₂₀：我觉得现在的天封公园变成禁毒公园不是很好，禁毒和天封塔能有什么关系呢？可能主要出于公安部门的宣传考虑。我建议以后还给天封塔一个纯粹的文化环境。比如有人喜欢非物质文化遗产，就在公园的石头上刻些民俗传说故事也挺好。

附文 1：

浙江宁波天封塔基址发掘报告

丁友甫

关于天封塔的建造年代

天封塔的具体创建年代，历史文献记载不一：有说肇建于梁武帝天监年间（502—519），成于唐高宗乾封年间（666—668）；有说肇建于唐高宗乾封年间，成于武后之通天（696）；亦有说天封塔建于唐登封、通天年间（696）；但以民国《鄞县通志》为代表的多数地方志书认为，天封塔应始建于唐天册万岁至万岁登封年间（695—696），似较可信。之所以出现各家众说纷纭、莫衷一是的局面，可能与部分志书附会臆测天封塔之命名中"天""封"二字有关。

天封塔既始建于唐，又曾在南宋绍兴十四年（1144）大修过，现存的天封塔塔基属于唐塔还是宋塔？唐塔之说在宁波市民中流传甚广，但发掘情况表明，现存天封塔塔基应属宋塔而非唐塔，也并非在唐塔基础之上大修：其一，《鄞县通志》载天封塔"建炎间毁，绍兴十四年大修"。这与本次发掘出土砖刻铭文"绍兴甲子"以及1982年发掘出土的塔基石函盖上铭文"大宋国两浙明州鄞县武康乡都税务前界生姜桥西居住奉……大宋太岁甲子绍兴十四年三月戊辰十八日已巳赵允谨题"时代相一致。其二，本次发掘出土器物时代特征明显，如"天封造塔司公用"铭文碗、"天封"铭文盘的器物造型、釉色都显示了宋代瓷器的特点；出土钱币中最晚的"绍兴通宝"更是明确的建塔年代物证。其三，1982年发掘出土的塔基石函盖上铭文记有"天封宝塔基址下伏承乡贡进士王居隐阖宅等备己财先造宝塔第一层"，说明砖石基面以下的基址层同是绍兴十四年造塔的连体层，正合文献"明暗各七"的记载，同时也从理论上否定了宋代天封塔在唐塔基址上大修的假设。

关于天封塔的筑基之制

《营造法式》规定："筑基之制，每方一尺，用土二担，隔层用碎砖瓦及石札等亦二担……每次布土厚五寸，筑实厚三寸；每布碎砖瓦石札等厚三寸，筑实厚一寸五分。"天封塔夯土塔基的第①至③层基本上做到了泥土与砖瓦隔层夯筑，同时，泥土每层厚度8厘米、瓦砾每层厚度4～5厘米也基本符合《营造法式》的要求。但是，《营造法式》中并没有类似塔这样的高层建筑立基之制可供参考，只是说："凡开基址，须相地脉虚实，其深不过一丈，浅止于五尺或四尺，并用碎砖瓦石札……"天封塔塔基从基面到底部深5.2米，按宋尺一尺等于0.309～0.329米计，约当宋制的一丈六尺，超出了"其深不过一丈"的记载。分析超深的原因，可能与宁波的地脉虚软有关，宁波地处东海之滨，海拔低，地表下2米左右即可见海相沉积淤泥，越深土质越软。如此虚软的地脉是不能完全照搬适合于北方的《营造法式》的规定来建造高层建筑的，因此，建塔工匠才凭借着自己丰富的营造经验和娴熟的工程技术，独创了塔基第④层的筑基之术，对《营造法式》筑基之制作了新的补充，开创了江南营造学的又一典范。

天封塔塔基第④层的筑基之术，可以概括为以下三个方面：第一，地脉以虚为实，换土垫层。从底部筑基开始，在挖去软土的基坑底部先筑一层领夯石，其上添筑夯土，置放射状卧木，又筑夯土，铺六边形圈木和散木，在圈木之间的缝隙打下长木桩，使之固定而不移位。长木桩的四周筑塔基内石，再筑夯土，打下短木桩，夯土盖过桩顶。这一筑基之术，运用石、夯土、桩木等材料充实虚软的地基，使之变得坚实，共同支撑塔身的荷载。第二，均衡传递承重，隔层用材。不同材料筑基，并非简单地将相同材料堆砌，而是不同材料隔层相见，发挥材料的各自特性。石材坚硬，泥土细腻，木材固本强基。分层筑基，刚柔结合，既可扬其长，又可避其短，可以起到均衡传递荷载的效果。如石与木、木与木之间都是用夯土来间隔，避免了因相同材料大小不一或是高低不平而导致承力不均松动基础。间隔夯土还可以改变相同材料的砌筑方向，增强相同材料的荷载力。如上下两层卧木，下层呈放射状，以夯土间隔后，上层改作六边形，从剖面上看，上下两层卧木正好是十字相交，靠间隔夯土起到重力的传递。这种做法最大程度保证了基础的整体性和沉降的一致性。第三，侧脚立基法，抗风防震。间隔夯土筑成一定的坡度，放射状卧木作倾斜排列，圈木、散木和塔基内石的用材都是从外及里由大至小构筑，这一特点当是吸收了唐宋殿堂建筑立柱的侧脚做法，从而使塔基更具有稳定性，防止塔身斜偏，提高抗风防震能力。

关于缸基和灰土的筑基材料

天封塔夯土塔基第③层底部设置的30只缸基，从位置上看，不是直接放在承重的力点下，而是在力点的外缘，推测其作用可能是为了利用缸圈的拱力，拦住受重力的第③层土不往外挤而采取的一种处理方法。缸外边的45块基石，也同样带有护基、镇基的作用。夯土基础中的泥土层取材于本地地表下的黄夹土，土质干燥纯净，具有一定的黏性和韧性，再掺进一定比例的白灰土后，更具有抗压、抗挤性能，属于上等筑基材料，因此也同样见用于宁波唐宋城墙的建造。

关于天封塔塔身倾斜的原因

20世纪80年代后，天封塔塔身逐渐往东北方向倾斜，并出现多处裂缝，随时有倾倒的危险。导致塔身倾斜的原因是否与基础有关呢？从发掘情况看，天封塔塔基经受塔身的荷载后有一定程度的沉降，如基面梯形石板断裂、砖基面和缸基面往塔心方向倾斜、几块方形基石有的压裂、地宫长基石断开等等，这些应该都是沉降现象的反映。同时，这种沉降又是不均匀的：如从砖石基面沉降变化后的平面来看，其西南面高于东北面14.5厘米；六边的每边都是中间高两角低，以东北角的梯形石板为例，乃是全基面下沉最低的一块，与西南角最高点相差达25.5厘米；14块方形基石，亦是西南角最高，东北角最低，高差22厘米；中间一块南北向的地宫基石，也同样是南高北低，高差7厘米。造成这种不均匀沉降现象的原因，除了可能的基础本身问题外，风、雨、雷、电等自然现象的影响也是一个重要因素。据《四明谈助》记载：天封塔"明永乐十年雷火击毁三层……嘉靖三十六年，飓风飞堕塔顶……乾隆十六年八月飓风大作，飞堕塔顶"。特别是清"嘉庆三年十二月初三夜火起，七级俱毁，并新旧碑版，无一存者"，裸露塔身直接遭受风雨侵蚀，日积月累，塔身遂逐渐偏离重心，往东北方向倾斜，塔基也出现了不均匀的沉降，导致最后不得不再次拆除大修。

（节选自《南方文物》2011年第1期）

附文 2：

天封塔地宫探秘与塔基发掘

丁友甫

天封塔进入 20 世纪 80 年代后，塔身倾斜、塔壁开裂日趋加剧，到了台风季节，住在塔周围的群众纷纷写信给市政府要求做好安全防范工作。为此，市政府对塔的文物价值、城市的形象标志以及安全问题进行了评估，并对是否保留、拆除或大修该塔进行了论证。在各方意见未取得一致的情况下，由规划处负责对该塔身的倾斜程度和裂缝系数进行测定以便对塔的基础作进一步的认定。1982 年 7 月，由规划处的张思杰带领费市桥梁队的朱伟年等四人对天封塔的塔基进行勘探。他们在塔的第一层中央部位深 2.6 米处首先发现了石函和地宫，当即报告了文管会办公室。

我和虞逸仲闻报后，迅速赶往现场，只见塔内竖着三脚架，铁葫芦悬挂其中，下面有一个 1.63 米 ×1.04 米的掏洞，洞壁边放着一块被吊起的石函盖板，石函为方形，边长 1.12 米。这大石函中套有小石函，方形，边长和高皆为 0.90 米。石函的高又平分为各 0.45 米的函底和函盖，子母口吻合。大石函与小石函的间隙被 200 余斤的铜钱填满。石函盖上有铭文，说明三宝弟子赵允合家制造浑银地宫，塑三圣佛像、阿难、迦叶共 5 尊并造石函盛贮；乡贡进士王居隐阖宅等备己财先造宝塔第一层。落款日期：大宋甲子绍兴十四年（1144）三月十八日。

打开小石函盖，地宫的屋顶在灯光下银光闪闪，歪斜地倚在石函边上，函底储满了水。我下去后按照考古的基本要求，先照相，按照尺寸构了简单的草图，掏干了函内的水，开始边登记边取文物，逐一交给上面接应的虞逸仲。发掘清理工作从下午持续到晚上 9 点才告结束。天封塔地宫为面宽三间、进深二间的单檐歇山顶建筑模型。正面 4 根立柱饰凹凸龙纹，屋檐下中间挂一块直匾，上书"天封塔地宫殿"。4 戗角下垂风铎，戗脊爬满脊兽，正脊中饰火焰珠，两端鸱尾吞口。整个建筑建在台基之上，四周围有栏板、莲花望柱。通面宽 0.47 米，通进深 0.38 米，通高 0.55 米。整体用银片打造。地宫内有佛像、塔、熏炉、香炉、法器、砗磲等，共计有金、银、铜、铁、玉、石、贝、玻璃等不同质地的文物 140 余件。

  1984 年 7 月，天封塔终因在 1957 年大修时东北角和西南角填充的混凝土不实和塔基的沉降而重修。1986 年 10 月，为了进一步了解塔的基础结构，我们对塔基进行了发掘。天封塔塔基从上至下可分为石函结构、夯土结构、围护结构、桩木结构几部分。石函结构处在塔基的中心部位，由一块 3.7×1.1×0.23 米大石板作为基石，其中心立一个大石函，大石函中套小石函，小石函面上立一个 0.20 米高的磙磴顶着大石函的盖板。石函的周围分别用泥土和碎石、砖瓦分层夯筑约 20 层。夯土层以外有一周 30 只去底倒覆的缸作围护，呈六边形，缸内倒满泥土，经分层夯实。缸的外围又有一周毛块石护围。桩木结构处在最底层，分别由竖桩和横卧木组成。竖桩分长短两类，长在中间，短在边缘，它的设置与其下的横卧木有关。横卧木分上下两层，上层呈六边形，共有 4 圈，大小相套，木桩把六边形的圈木夹住而不使移动。下层卧木排列呈散射状，圆木直径 0.40 至 0.60 米。上下两层卧木从剖面上正好形成十字相交，且是外高中低，在建筑上起侧脚作用而不使塔心外延。卧木四周有宽 2 米左右的片石层，其中一块上书"塔基内石"四字，其下有领夯石层构成整个完整的塔基。

（原文载《宁波文史资料（第二十辑）：宁波文物古迹保护纪实》，宁波市暨各县（市）区政协文史资料委员会编，宁波出版社，2000 年）

第二章

飞阁流丹：古建修复者

黄大树

浙江省临海市古建筑工程公司
董事长

Q₁：在相关人物报道中，我们得知您是在参与修复天童寺时才开始学习古建筑修复的专业知识，在此过程中，陆美玉女士不仅在实践中传授给您技术，还借给您《营造则例》，使您明白了古建筑修复既是一门科学，又是一门艺术。之后您自学古建筑、历史等知识，而且创办了临海古建筑公司，45年来，带领团队修复了 500 多座古塔、古寺院、名人故居和古建筑群。您是怎么决定在古建筑修复领域发展的呢？又是靠什么样的毅力坚持学习下来的呢？

A₁：我是 1978 年正式进入古建筑领域的，当年中日缔结了《中日和平友好条约》，天童寺为日本曹洞宗的祖庭，在海内外负有盛名。那时邓小平主持国务院工作，日本友人要求前来朝拜佛教日本曹洞宗祖庭天童寺。国家落实宗教政策，决定在全国开放一批重点寺院和教堂，天童寺和阿育王寺名列其中。而且国务院决定拨专款 120 万元，由李先念副主席签发，专门修复天童寺与阿育王寺。浙江省政府与宁波市政府组建了大修办公室，并且招兵买马、调入队伍，对天童寺进行全面整修。我就在这个时候参加了修复工程，走上了古建筑修复之路。此后，我还参与修复了宁波的七塔寺、保国寺，马来西亚张弼士府邸，浙江湖州飞英塔，北京清华园……每修过一座古建筑，我就会对各个朝代、各个区域建筑的基本原理与特色有更深刻的掌握。

陆美玉从同济大学建筑专业毕业，又去过清华大学进修，此前下放在鄞江供销社当营业员，天童寺阿育王寺整修办公室及政府有关部门把她借调上来，专管两寺的整修技术，我由此得到了她的技术指导。当时我还只是农村的泥瓦匠，主要修农村的传统建筑，很少关注寺庙建筑。只知道这个是横的木，那个是直的木，完全不知道什么斗拱戗角。陆美玉老师告诉我，什么是柱、梁、枋、华拱、慢拱，什么是坐斗、散斗、齐心斗，使我学到了很多古建筑的知识。

王士伦是当时的浙江省文物管理委员会考古研究所所长，也是江南地区古建筑保护的一位重要人物。我们进入阿育王寺并重点修复元代西下塔时，王老师每个周末都会到阿育王寺，要求我们很认真地修好这一特殊的元代古塔。他一来就会给我们讲课，他说我们修复的不单是一座古代的建筑，更是在修复中华优秀文化的根脉，而且这座元代古塔，是在我国特殊的朝代下建造的汉式楼阁式塔，全国罕见，十分珍贵。我们平时工作只是为了打工赚钱，但经过王老师的点拨，我们都非常激动、备受鼓舞。在我们的心里，中华文化拥有至高的地位，我们能参与中华文化的保护是莫大的荣幸，我们不但是在打工挣钱，而且也在保护弘扬中华优秀文化。所以我更认真地深入研究阿育王寺下塔的各个结构及损坏原因。塔的修复方案是省考古所设计的，设计方案是从塔下面一层层修上去，再到顶层盖瓦，塔刹安装完成。在进入施工的时候，我找了很多老和尚，了解古塔的损坏原因，老和尚说这里打雷打得很厉害，有一次把塔顶打掉了，塔顶刹件很大，从最上面一层层滚下来，把整座塔的檐弄塌了。我分析下来塔体受损的主要原因是雷击，造成从顶层到下层的损坏，如果按照最初的方案，从下往上修，万一在施工中不小心掉下东西，那肯定下一层已修好的屋面又会造成损坏，下面几层可能又得大修。而且古建筑修复的原则就是保持古建筑的原有面貌，只需要大修已经损害的区域即可，保证大修的过程不会对古建筑的原有面貌造成严重破坏。所以王老师再来讲课时，我就向他说了我的想法，提出是否先把塔体空洞损坏的地方以及插入塔体的斗拱从下往上修补好，使塔体结构安全，再把各层的屋面从上到下盖瓦做脊，这样万一掉下东西不会造成二次损伤。王老师说："大树，你这个想法很好，就按你说的办。"他是那个年代少有的大教授，我还只是个小工人，他的肯定给了我极大的鼓励，所以我就更认真地做、认真地学、认真地分析，而且更大胆地向王士伦所长、陆美玉老师提出问题请教学习，并且一到星期天就去宁波市书店里去找书看，因当时还穷买不起很多书。

当修到阿育王寺的塔顶时，因为文献资料对元代塔顶的记录非常少，又没有可供借鉴的实例，设计没有明确的刹顶图纸，只能停工。王士伦老师让我去杭州灵隐寺的飞来峰石刻上找找，他说古人可能会把建筑样式刻在石头上保存下来。我在那里找了两天，在一个观音菩萨造像的顶上发现了塔刹的形象，拍照送给王老师看。王老师高兴得不得了，说："这就是对的，这个塔顶的样式叫十三天，是元代的特色。"叫我速按照这个样式去做，最终阿育王寺下塔修复得非常成功。竣工验收时，省考古所请了南京工学院潘谷西教授、上海同济大学陈从周教授及省内一批专家，他们一致给予了好评。陈从周教授特别激动地说："这个元塔的修复，正是'国际水平'呀。"当时省文化部门正在招人充实考古所工作，王老师和我说："大树，我们太需要你这样的人了，我回去向省文化厅报告，把你调到我们单位去，让你当我的学生。"但后来因为指标限制，我没能调去。但王老师把我正式定为编外学生，每次有省内培训会、研讨会、实地考察，王老师都会带我一起去。而且王老师的教导我记忆犹新，他说："你现在是工匠，工匠要成为专家，需要掌握三个要点：第一，理论知识要扎实，多看资料；第二，要掌握实际技术，提高破解难题的水平；第三，要把握各地风格、地方特色。比如你懂了宁波风格就是宁波专家，你把丽水、衢州、湖州等地的风格都弄懂了就是浙江专家，你把江西、陕西的风格也弄明白了，你就成了全国专家。"王老师给我的教导和启蒙是非常关键的，我在后来的发展道路上一直记得他的教导。

直到现在，我只要一到施工的场所及研讨考察的现场，都去深入研究学习，分析破解一个个难题。我认为学无止境，活到老学到老，只要认真去学，就能发现问题、想出解决问题的办法。我们的前辈讲的话非常实际："世上无难事，只要肯登攀。"认准这个方向去学，一步一步肯定能向顶部靠近。我向技术工人请教问题，也向大学老师请教问题，人多智慧就多，总结这些经验和智慧就能使我自己得到提升。后来国家文物局专家组专家罗哲文老师招我为正式弟子；中国科学院考古建筑学创始人、中国史学会会长杨鸿勋老师又带我为学生。我的学术水平、破解难题能力因此得到大幅提升。

Q_2：您当初是如何想到要创办临海古建筑公司的呢？

A_2：起初是为了打工赚钱，后来进入这一行业后，发现古建筑中有那么多的奥妙，每个构件里都有故事，对保护古建筑就是保护祖国的历史、保护中华民族的优秀文化认识有所提高。如果没有古建筑这一行，没有行业化、系统化的组织，零散的工匠就会失传、零散的产业就会消亡。如果要把古建筑的技术传承下去，使传统建筑文化不断档，就应该有专业的队伍。当时正值改革开放开始，临海县领导来宁波学习考察，并参观天童寺。我就向县领导提出了组建古建筑工程队的要求。当时宁波鄞县的领导也支持我们，说这支队伍特殊，应给予支持保留下去，对保护古迹有好处。临海县的领导一回到临海就破天荒地给我们批了一个挂名县属大集体性质的古建筑工程队。后来工程业务扩大，又改组成为公司。如今队伍遍布全国，走出了国门，创出了十来个全国第一，是国内古建行业业绩最多的领军企业之一。

Q3："由办公室驻工程队的王祝安同志负责与临海古建公司领导黄大树具体联络，出现问题共同协商，互相配合……"当时王祝安老师当初是怎么联络到您的呢？

A3：王祝安先生在天封塔施工的时候被调过来了。他是市文化局驻地的一个领导，主要工作就是负责联络。比如我发现了什么问题，需要向他报告，他再向领导转达意见，他是宁波文管专家林士民的重要助手，所以经常一起研讨问题。

Q4：1982年时，天封塔塔身已经非常倾斜，开裂严重，危及周边安全。您能否回忆一下起当时天封塔塔基、塔身的具体情况？您认为当初天封塔大修的难度如何？

A4：当时的天封塔顶已经要倒塌了，下面有五层倾斜并开裂得很厉害，非常危险，危及周边老百姓的安全。特别是每年台风季节，政府都要调动居委会和公安警力转移附近的老百姓。每次市人民代表大会都有关于大修天封塔的代表意见与提案，所以宁波市政府决定对天封塔进行落架大修。当时的宁波市副市长孔宪旦主持这一工作，他深入基层实地调查，多次组织我们开会。之前，宁波市建委时任主任提出，要拿炸药把天封塔定向爆破炸掉，但我同宁波市文管会的林士民和虞书记都坚决要求遵循文物保护的原则，认为对天封塔的维护应进行科学拆卸而不能破坏性炸掉，应该把塔身内部构件层层拆解，记录现状，提取科学的测量结果，这样大修天封塔才会有科学与历史依据。当时两方意见争执不下，虞书记就把市文管会的意见报告给省里，省政府支持宁波市文管会的意见，并请来了中央城乡建设环境保卫部和故宫博物院的专家来宁波进行实地论证。经过研讨会的论证讨论，听取了我们各方的意见，建设部总工程师陶亦中支持我们提出的记录天封塔原状的科学方法，以保证落架大修时有历史依据，确保天封塔恢复原始的结构美，宁波市政府批准了这个方案。

　　天封塔的大修也引起了王士伦老师的高度重视，他请来南京工学院（今东南大学）建筑系的潘谷西老师，潘谷西老师是继梁思成和刘敦桢后中国古建筑的第二代学人和领军人物。他的学生朱光亚过来和省考古所一起组织天封塔大修的工程设计。那个时候打桩都用混凝土，南京工学院的结构专家薛永葵老师设计打桩时，向宁波勘测设计院要来地基勘察报告，我们发现报告中说天封塔持力层东北角高、西南角低，高差接近7米，而且没有塔基构造遗物出现。我们不是搞结构的，但我们凭着经验发现这是有问题的：塔下面的地基宽度一共9米，高差却有7米。宁波是海相沉积的地坪，应该没有这么大的坡度。天封塔高51米，就戴了1300多年"宁波第一高楼"的桂冠；1982年底建好的交邮大楼是宁波第一幢现代高层建筑，高也只有32.9米。设计交邮大楼时，桩设计得很长，但打下去后还有两米多打不下去，打不下去就需要把桩上部斩断，但宁波的老百姓不乐意，老百姓们觉得造房子是往上的，把基础桩头斩断，等于把房子的头杀掉了，十分不吉利，吵闹得很厉害。如果天封塔的桩头被弄断，那就更不得了，因为宁波人把宁波看作是海上的一条船，天封塔代表宁波的桅杆，如果桅杆被斩断，宁波就不安宁，所以我们提出天封塔的桩一定要确保设计得百分之百正确后才能施工。薛永葵老师同意了我的意见，先打两根试桩，多少米深的桩能达到承重要求，就制几米长的桩，结果实际情况和勘测数据不同，测出西南角低于东北角，但实际却是西南角比东北角高出1米，两个桩位大致都在22米上下，是基本平衡的。打完试桩后挖基础，勘测报告中并没有发现古塔的基础有木垞结构，但我们一层层挖下去，发现塔下有个地宫，地宫里面有天封塔的模型、大殿。再往下挖时发现了在以往的文献记载中、考古发现中从未见过的此类基础结构：地宫下为石板条石，条石下压着三合土层、水缸、石块、护基石、塔心条石，再下为二层平行的横条木和底层的放射形木条，没有打任何深到基层里去的桩木，这种在污泥上的木垫结构是当代的建筑师、结构师想都不敢想的，我们中国古代工匠却运用得很成功。我在中国建筑史学会的期刊上面发表过一篇文章来介绍这一发现："一般的污泥基础都是用木桩或者其他的石桩材料。但是天封塔的这种基础结构在软土地基上应用，上面承载着高50多米的天封塔，这确是古人的一大奇迹。"（注：天封塔的塔基是用两层巨木排列组合成"木垫"，横卧在软土层上，巨木夹层夯实黏土、碎石，"木垫"上部覆土1.4米厚，其间铺设条石、水缸、毛石等。此基础被称为"木垫"基础，这在我国营造史上尚属首次发现。详细研究可参考陈维伟：《古塔木垫基础历史探秘》，《建筑工人》，2012年第12期。陈维伟先生于今年年初仙逝，不知如何表达以示敬意。）

Q$_5$："天封塔的大修，第一，注重于同类型塔的实地考察；第二，注重于同类型塔的大修经验与教训；第三，注重于同类型塔的综合研究。"当时借鉴的砖塔有哪些呢？

A$_5$：在大修天封塔之前，我去考察了很多浙江境内的塔，如湖州飞英塔、平阳宝胜寺双塔、浦江的宋塔等。其中宝胜寺双塔是砖塔，但是它与天封塔的结构式样是相近的，因此也可以作为参考。大修天封塔时，我们依据落架时的实测数据，参考了包括宝胜寺双塔与飞英塔在内的浙江宋塔，与省考古所王士伦老师、宁波市文管会林士民老师等相关人员一起讨论，最终确定了方案。

Q$_6$：湖州飞英塔既是您主持大修的，又是天封塔大修前期的考察对象，那么在天封塔大修时，有借鉴湖州飞英塔的大修经验吗？您在《古建筑大修中几个难题的对策》一文中讲述的五个普遍性难题的破解方法（紧箍加固、压力注浆、角梁预应、檐面借调、局部补换）是否在天封塔的大修中有所应用？

A$_6$：大修飞英塔后，我们总结了有关斗拱、角梁的经验，在天封塔大修时，特别借鉴了斗拱安装的方面。天封塔设计成内外两个筒壁，中间留空，内、外观恢复宋代原貌，内部结构用混凝土，外边砌塔砖填充。

在飞英塔修复过程中，我们遇到了两个难点。第一，在新做好的斗拱重新放进老塔身的孔洞的过程中，由于孔洞只有很小的空间，如斗拱做得太准，那根本不可能直接放进去。但如果在斗拱与洞之间出现半厘米的空隙，空间填实就会很困难；若空间填不结实，斗拱外部就会下沉、檐面也随之下沉，瓦面会开裂漏水，木构件就要腐烂。于是我们研究出了一种方法，就是用高压泵将水泥浆料灌注到裂缝中，使物料在裂缝两端与墙体内侧形成压力以使裂缝紧密、固结，终于把这个难点解决了。第二，塔体空鼓，必须修复，但是如果要把空鼓的那层拆掉的话，上面几层就要塌下来。此时最简单的方法是把空鼓之上的所有塔层都拆掉。但是，文物大修保留原状是古建筑的修复要求，而且历史遗存保存得越多，那这座古建筑的价值就越高。考虑到这个方面，我们希望仅补好空鼓附近的窟窿，维持其上层的原貌。这个问题困扰了我一段时间，一次，在我回农村家中的时候，我母亲做饭时把锅盖放在灶沿，锅盖有三分之一多悬空在灶外也无关系，这给了我一大启发，最后用紧箍加固法解决了塔壁空鼓倒坏的难题。

天封塔也存在飞英塔第一个难点类似的问题。但是天封塔的落架大修没有用到塔体的紧箍加固法，因为它是阁楼式砖木结构建筑，砖塔外面显露的部分也是由木构件组成的。角梁等木构件出挑很长，即使使用压力注浆法把空隙问题解决了，木头受力以后还是会有下沉，再加上下雪下雨等活荷载重量，只要有几毫米的下垂，瓦面都有可能开裂，木构角梁很容易腐烂。针对这些问题，我吸取农村浇筑多孔板的经验，发现预应力，并且经过计算后发明了应用角梁预应法，方法是用钢丝预先吊在角梁上，用螺丝拉紧，再进行铺瓦筑脊，固定一段时间后拆除扣结钢丝。这种方法最终角梁在荷载后也达不到预应力的重量，因此能保证角梁不下垂，解决了修筑木结构塔角梁的重要问题。天封塔大修的重难点也就在这个地方，通过角梁预应法得到了解决。此外，在大修天封塔时，还要注意不让斗拱外拔。当时天封塔的样式已经设计好了，但是它的塔体内只有二层约20厘米的薄板体供斗拱安装。因此，我们用了以下方法防止斗拱外拔：第一，将预应力运用在外拔的斗拱上；第二，在下沉的斗拱上加上了底衬与固定插销。

在做上述工作前,我们都及时向林士民老师与省考古所所长王士伦老师报告,还请了东南大学的朱光亚老师、薛永葵老师帮忙认证。他们对我们提出的解决方案表示完全肯定。天封塔大修完成后,我每年都去现场检查一下是否会出现一些问题,结果是角梁和斗拱没有一点转动,非常牢固。

(注:黄大树首创"压力注浆法""角梁预应法""木檐调平法""砖壁镶接砌筑法",解决了斗拱补装、墙壁空鼓、角梁变形的常见难题,因此获全国实用科技大赛一等奖。)

Q_7:天封塔大修时用到了脚手架吗?和今天的施工要求有何不同呢?

A_7:现在的脚手架是用钢架搭的,那时候是用毛竹搭的。把一根一根的毛竹竖立起来,再用横向的一根使这一侧的毛竹都连成一体,直到六个面能圈起来。天封塔这么高的毛竹架子当时在浙江省都没有搭过,所以都事先进行认真讨论,我们还专门请了有技术经验的搭架老师傅来做指导。现在技术进步、行业标准规范,国家要求必须用钢架,已经不能用毛竹架子了。

Q_8:天封塔塔基考古报告中提到了有缸基,在大修工程中"缸仍按原貌给予保留,缸内盛满泥土石子以加固,使其相互挤压产生牢固的效果"。您是否知道天封塔地基中缸的功用呢?

A_8:据我所知,目前中国史料还没有记载过塔基里用水缸(这一工程做法),我跟中国建筑考古学家杨鸿勋老师讨论过,他也说这是孤例〔注:2016年夏,上海市博物馆考古研究部在青龙镇遗址发掘始建于北宋天圣年间(1023—1032)的隆平寺塔基塔心室时,在夯土层中亦发现8口大缸,置于梁架结构相交处。天封宋塔(1144)比隆平寺塔晚建一百余年,但两者在建筑工艺上一脉相承〕。塔基底部有两层,第一层砖石条是多边形,第二层反盖大水缸。我分析水缸有两种作用:第一是因为水缸的面积大,可以把木头组在一起,固定木头;第二是因为水缸口大底小,反放能增大下面的水压阻力增加承重浮力。

Q₉：宁波是一个台风多发的城市。当初修复时是用了什么方法，使得天封塔能够不受台风与暴雨的侵扰？

A₉：第一，塔身采取了两层圆柱筒体来增加强度；第二，根据宁波台风的风力和风向，塔体砌造偏向东北方向一点点，让风慢慢吹回到中心。我还修过一个与台风有关的塔，江西赣州慈云塔要修，要开专家论证会，确定塔的倾斜损坏原因，才能对症下药、得出方案。一些专家认为，塔倾斜的原因是"文革"时在不远处挖过防空洞，防空洞附近的井水、地下水水位都下降了，导致因抗力减少而造成塔体下沉倾斜。我的观点和他们不一样，认为慈云塔倾斜损坏台风是主因。一是我到塔上经过认真察看过塔的现状与结构现状，二是专门去走访塔周边老居民，三是找来慈云塔近边的地质图纸。因为走访老居民时，老居民说小时候塔就是歪的，所以我认为后来挖的防空洞对于塔倾斜不是主因；台风是东北方向，塔却没有往西南方向歪，而是往东北方向歪，是因为宋代造塔用黄泥糯米浆作为塔体墙的灰浆材料，时间久了黄泥强度不够，迎台风面墙面的泥土受台风吹刷，外边被剥离掉了5～7厘米，里层黄泥灰受潮湿压力强度下降，造成塔身重力单边下降，久之而造成塔的中心转移，造成塔体向台风刮来的方向倾斜。第二个原因是塔的基岩是单边向东北方向倾斜的，基岩上到塔基础中间还有4～5米的土层，上部受压导致下部的承载土层受力不均。再是塔体上部中心转移造成单边重心改变又影响到基础的承载力改变而造成了塔的倾斜。最后这种分析得到了一致肯定。这些都是长期实践积累才能得来的经验。

Q₁₀：天封塔的形状从底层逐级向上收缩，内部楼梯狭窄而外部还有塔檐，每层塔身的负担承重全由每层的塔檐来承担，在实际设计的过程中，如何分担并克服这部分承重带来的影响呢？

A₁₀：我们是依据宋塔测量下来的结构原理，按原来的状况、楼梯式样砌筑复原的。古代的楼梯都窄而陡，那时人长得小，塔里面的空间也小，飞英塔等其他的塔也都是这样。天封塔外面的承重采用了木斗拱，塔体里面采用了20厘米双层混凝土筒体，墙体外面加了40厘米塔砖，能够承载斗拱及檐面重量，压住斗拱的尾巴重量，这样可以把塔固定牢固，现在非常稳定。

Q_11：您知道民众对于大修后的天封塔的反响如何吗？

A_11：每年都有宁波的老百姓反映，他们从小就看着天封塔而长大，天封塔是他们心中的标杆，若天封塔倾斜了、快要倒塌了，那他们宁波人心里的标杆就危险了。看着天封塔终于恢复了原貌后，宁波人可自豪了。我们建塔者也太高兴了，感觉为宁波人民做了一件好事，为弘扬中华文化做了实事。我们很自豪，也算是对宁波人民的回报。因为我们的古建事业兴始于宁波，所以那时候宁波市区和下面县、乡镇的都知道临海古建与我的名字，宁波的古建筑几乎都请我去修复。临海古建也因此在国内知名度不断提高，古建产业也算是临海的一张名片。

Q_12：您闲暇时有没有去过后来新建成的天封塔公园看过呢？您曾说过"恢复古街区绝不是再造仿古街"，您认为郡庙天封塔历史文化街区的建设情况如何呢？

A_12：我经常去回访天封塔，而且2022年3月刚去过。以前天封塔边上是学校，天封塔没修的时候像一根光秃秃的烟囱，现在恢复了楼阁式高塔，周边变成开放的公园，比以前漂亮多了，老百姓可以休闲、游览、登塔观光、研读历史，这是政府为老百姓办的实事。天封塔旁边有城隍庙，城隍庙大殿的风格在全国少有，很有特色。现在的建筑群历史建筑没有问题，外面的街区都被改造了。我的观点是，要把古街的历史风貌、历史建筑、百姓民俗、风俗习惯传承下来，并且同现代生活设施与时俱进地结合起来，和谐地展示出来，留得住乡愁，这才是古街保护的目的。现在好多地方的古街造得很好看，但变成了纯粹的旅游区小吃街，就失去了历史文化与活态保护的意义。临海有紫阳古街区，修复规划在宏观划定保护范围，对周围建筑高度、风格形制及交通、消防等作出规划；落实每一处建筑的大修要求也绝对不是简单地将其恢复原貌，而是还要挖掘该街区的原住居民原生态、风俗等一切资源，构成街区整个内、外观形象的综合因素，包括街道格局、店面及招牌、传统工艺及作坊、风俗特色、居民生活等诸多理念。凡历史上存在的，能反映当时历史特色的，都应仔细地进行研究鉴别，予以保护，使其得以延续。特别在设计时，也要考虑改善街区的基础设施、公共服务设施、环境景观及建筑内部空间的其他设施条件，提高居民的现代生活质量，调动原住居民的古街保护积极性，达到有效的保护与利用。这也是当政者应该着重考虑的。

Q$_{13}$：您认为在今天的时代条件下，像天封塔这类的地方性历史建筑的保护、利用和研究会朝着什么方向发展呢？

A$_{13}$：现在的大气候好多了，当今是古建筑保护发展的黄金时期。特别是习近平总书记对传统文化非常重视，逢会必提优秀传统文化的传承保护，提出了"文化自信是我国应有的四个自信的立足点"。中央接连出台有关政策文件，提出"乡村振兴，记住乡愁"，倡导各地保护历史古建筑。因为遗存的文物古建筑承载着我们祖先创造的物质文明和精神文明，是历史发展无可替代的实物例证。我国幅员辽阔，不同地方有不同风格的历史建筑，代表当时该地区的政治、经济、文化、审美等多方面的高度，承载着当地人民的自豪感和认同感，也体现了多民族国家的文化多样性。但目前的问题是古建行业后继缺人，中国古建筑协会做过一个调研，如今35岁以下的工人占比不到当前古建筑受业人数的5%，学校教育体系中又缺少对古建筑专业人才的培养，

天封塔重修纪念砖　（供图：丁真珍）

完全满足不了古建筑大修、保护的人才需求。好在教育部近来还专门设立了历史建筑保护工程专业，同济大学、西安建筑科技大学、北京建筑大学等学校开设了古建相关的本科专业，我们临海市也已在支持临海古建公司进行校企合作办学，产学合作，培养古建筑技术人才。另外，古建筑的教学需要与实践课相结合，理论和实践体验对记忆和理解的深化程度是有区别的，需要在课程体系上进行特殊设计、改革教学方法，这样才能培养出满足社会实际需求的有用人才。这样像宁波天封塔、湖州飞英塔、杭州文澜阁、宁波保国寺等优秀古建筑才能完整地传承给下一代，更加灿烂辉煌。

第三章
高屋建瓴：遗产管理者

一、徐炯明

宁波市文化遗产研究院
书记

发表文章《试论文物保护与利用工作模式的创新——以宁波城区为例》

Q₁：您作为宁波人，在小时候是否留意过或听家人提起过天封塔呢？在成长的过程中又是否对天封塔留有哪些特殊的印象呢？如果有印象，随着这些年宁波的城市发展，您对天封塔的印象有没有发生变化呢？

A₁：小时候去过天封塔，当然参加工作后也是经常会去的。我记得小时候见到的天封塔是筒形的，只有塔心，没有外檐，只能远看。20世纪80年代天封塔大修，恢复到南宋时期的形制，文物部门还发掘了地宫，大修之后又陆陆续续进行了外檐刷漆等工作。

Q₂：您觉得这些年天封塔周围地区发生了哪些变化呢？

A₂：天封塔周边之前是居民区，叫"天封社区"。把"天封"这个名称作为地名用的还有天封街道与天封派出所，后来因为行政兼并，天封派出所被归并到了其他派出所，但是天封社区一直在那里。现在天封塔下还有天封公园，当时宁波政府要宣传禁毒，禁毒宣传是公安部门的一项重要工作，但是没有合适的地方，考虑到天封塔是向公众开放的，而且离郡庙很近，来去的人都很多，所以选择了天封公园作为宣传地。

Q₃：之前我们采访过天封塔工作人员，他们说禁毒公园的由来还有一个可能是之前有人在天封塔上吸毒，这个是真的吗？

A₃：这个应该不是真的。工作人员都是近几年过来的，不可能知道原先的情况，大多是道听途说。并且在塔内吸毒不太可能，工作人员是要随时进去查看情况的。

Q₄：我们看了您写的《试论文物保护与利用工作模式的创新》一文，里面提到了将天封塔与新郡庙传统文化结合形成新的文化旅游景点；2020年，郡庙天封塔历史文化街区入选第六批浙江省历史文化名镇名村街区名单；2021年，《宁波市郡庙天封塔历史文化街区保护规划》出炉。当初是怎么想到将郡庙和天封塔放在一起进行街区建设呢？在申报和规划过程中，您有参与其中吗？您认为目前街区建设的情况如何呢？您认为这个街区在城市中扮演怎样的角色、发挥着怎样的作用呢？

A₄：将它们放在一起是因为距离比较近。申报文化街区、规划与承建都是文化部门和别的部门一起做的，申报与规划的过程我基本都有参与，但有的时候只是提出意见一起讨论，不是主要力量。

现在的街区总体分成两大块：一块尽量恢复郡庙的传统形制，另一块是以商业为主的街区。所以现在的郡庙天封塔历史文化街区就是一个现代商业与传统文化结合的街区。

这个街区发挥的主要作用有两个：一个是传统文化宣传的作用，一个是满足市民需求的作用。城市中各种类型的街区（传统的、商业的等等）存在都是必要的，而历史街区与城市的发展应该也是相互融合、相互交流的。

Q₅：将郡庙天封塔结合在一起、传统文化与现代商业结合到一起有什么更为具体的考量之处吗？

A₅：街区建设的时候肯定要考虑将商业文化与旅游参观的吃喝住玩等因素结合到一起。将商业与古代建筑搭在一起，既可以供人参观又可以作为营业场所。从商业的角度来讲，有人来参观就可能带来消费，反过来从文化场所讲也一样，会形成一种互利的情况。

Q₆：您的文章中还提到开放地宫和塔身五层外檐口的观光服务平台，做到"钻地宫""登宝顶"，但是在我们实地参观后，感觉地宫和塔内的空间都比较狭窄，上下的楼梯也过陡，并且光线昏暗，想知道如果真的开放了，会如何进行空间设计，并且制定安全风险应对机制和相关的改进措施呢？

A₆：地宫是一直没有开放过的，一方面是地宫的空间比较小，另一方面对游客来说上来下去比较麻烦。如果开放的话，从安全与参观角度当然是会限制游客数量的，但是这样会增加管理的负担。同时也可能会改变地宫内文物的陈列方式，可能会改为图片或者复制品陈列，也可能会在墙上装置橱窗等，尽量满足参观需要。

关于外檐口的观光平台，一直到塔顶的檐口外面都是可以走的。但是由于外檐的栏杆高度比人的重心要低，危险系数很高。有一年有人自杀，从高层的外檐口跳下去了。为了避免这种事件再次发生，现在第二层以上的外檐口观光服务平台都不开放了。

Q_7：如果以后天封塔开放了地宫，门票是否会涨价呢？

A_7：门票是物价部门决定的。目前宁波经济形势是很好的，门票涨价对经济总体没有很大意义。为了市民与社会的需求，文化场所的门票定得比较低，一般不太会去增加门票费用。

Q_8：您认为该如何在天封塔场地狭小的先决条件下更好地活化文物，开放文物展示？

A_8：文物活化涉及互动，主要有两个方面，一个是让老百姓看到文物，一个是把文物的故事讲透。从安全角度与实际效果来看，天封塔本身是不太会去考虑大规模的展示的。来到天封塔，看塔才是最重要的事情，看文物应该去博物馆或者相关专题馆。

Q_9：我们了解到您在保国寺、天一阁等单位都工作过，那么您对天封塔和此类具有地方代表性的文化遗产的价值如何看待呢？您认为将来天封塔的相关研究会朝着什么方向发展呢？

A_9：所有文化遗产都具有历史价值与现实价值，也有各自的特殊价值。如果撇开它们本身历史文物的身份，所具有的就是休闲、旅游等价值。

在古代，天封塔是进宁波港第一眼就能看到的建筑，所以说它的地标性地位很高，在宁波历史上也是很重要的标志性建筑。此外，从宗教的角度来看，以前的塔都是很重要的宗教场所，天封塔的宗教地位也是很高的。以后还可以在这两个方面进行相关的研究。

Q_{10}：关于天封塔宗教方面现在有研究成果吗？还是处于待研究状态？

A_{10}：从考古或者文物保护的角度来讲，我们现在只关注到了文物的器物价值，不会考虑宗教价值及宗教背后的内容，因而目前在这方面没有大的研究。考古报告只会讲出土多少佛像之类的，而不会去研究这些东西是怎么来的，为什么要放进去等等。我们的研究人员都不太会强化宗教这方面的研究，如果对宗教文物感兴趣的话是可以研究的，但是文物部门一般不会关注。

Q$_{11}$：您有听说过关于商人识宝定风珠、鲁班显灵天封塔或是老石匠斗恶鳖的传说故事，以及大沙泥街、小沙泥街的来源吗？您怎么看待这些成为非物质文化遗产的民俗传说与客观历史事件之间的关系？

A$_{11}$：这些传说是听过的，但是传说本身是否具有历史价值与现实价值是不会去考虑的。在写故事的时候可以用到传说故事，但是关于天封塔的传说不能被看作历史，故事就是故事。

Q$_{12}$：天封塔原为僧伽塔，您还提出未来的展示开放希望以佛教文化陈列为主线，请问天封塔是否接待过宁波当地的佛教团体前来参观呢？

A$_{12}$：如果有佛教团体来的话我们是会专门接待的。但是一般他们会选择直接买票或者自行与门卫联系进行参观。

Q$_{13}$：您在文中提到，公益性文化场馆的运营中，需要保证社会化投入的产出与公益性投入的保障机制，对于天封塔而言，目前的投入都来自哪些机构和部门呢？经营情况是怎样的呢？

A$_{13}$：天封塔的投入都是国家投入。管理人员等各方面都是需要投入经费的，这个投入就是公益性投入。如果门票超过投入就是我们赚钱，不超过就是国家贴钱。之前我们是将门边上靠东侧的两间房子作为小卖部对外出租的，但是由于现在事业单位的房子不允许随意租赁，我们只好将那两间房子收回作为办公用房。现在天封塔的收入就基本只有门票收入，一年下来门票大概有一二十万，但是管理人员、水电等各项开支都比较大，收支是不平衡的。

Q$_{14}$：除了销售服务和门票收入以外，您认为还存在哪些可用来自我造血的内生动力呢？比如您是否考虑过通过开发相关文化产品进行创收？

A_14：文创产品与博物馆（文化场所）的知名度、景点参观人数、社会需求等要素有关。从现在国内情况来看，文创产品能赚钱的只有大的博物馆（像故宫、中国国家博物馆等），小的博物馆与文化场所要通过很长时间的经营才能收回成本，通过文创产品赚钱是比较难的事情。并且文创产品与单位性质、经营有着直接关系。我们是事业单位，并不是所有东西都可以买卖。文创产品涉及经济收入与支出等问题，是比较麻烦的。对于天封塔的文创产品，目前没有考虑，且我认为是没有实施必要的。对我们来说，为一年几万块钱的文创产品销售额投入大量的人力和精力去设计、管理、运营，有些得不偿失。

Q_15：您是否关注过天封塔的石碑？据我们了解有些是从城隍庙那边挪过来的？

A_15：我关注过天封塔的石碑。这些石碑有些是从周边挪过来的。城隍庙那边之前有个鲁班殿，拆迁的时候出于保护与展示需要，就把石碑放在天封塔这里了。现在石碑由于自然风化上面的字已经不太好辨认了，如果保护效果不好的话，我们会进行挪动转移与储放，或通过其他方法将其保护起来。

附文：

试论文物保护与利用工作模式的创新
——以宁波城区为例

徐炳明

1. 管理模式与运作方式

社会与文保单位（点）共同协作模式。即以社会人才与专业力量结合共同协作管理，做好不可移动文物、文化遗产开放管理工作，并以创新的精神全力打造甬城月湖天一阁 5A 级景区的开放示范点。例如，银台第、天封塔的开放管理模式，以招募社会企业或管理人才与文保本身专业人才相结合建成新的管理队伍，以大量采用收纳社会力量与社会资源，为开放点提供和充实新的展示陈列品，以面貌常新、互动、演绎等文物"活化"的文化遗产创新展示形式，逐渐将其建成文旅融合新的参观热点。

文保专业全新管理模式。即仍然以文物部门专业管理、专业运行的开放管理模式，如天封塔的管理方式，坚持以专业的力量管理专业对象形式，将天封塔打造成为宁波郡庙历史街区重要的文化遗产点，与新郡庙传统文化结成新的文化旅游景点，塔内与塔外结合，塔上与塔下配合，营造出新的传统文化与历史遗产的开放氛围，逐渐把天封塔建成郡庙历史街区参观的新的制高点。

2. 陈展思路与优势分析

对于天封塔的保护与利用，即充分利用郡庙历史街区正在重新大修改造即将完工时段，将天封塔与郡庙街区作更密切的观光度和开放业态的改造配合，充实天封塔本身的陈展内容，拟将地宫布置成为观塔的重要开放场所，复原当年考古发掘现场的重光景象，同时开通和开启塔身五层外檐口的观光服务平台，让天封塔真正成为城市历史街区独特的观光点，吸引市民和游客到塔内"钻地宫""登宝顶",在塔上俯瞰郡庙与莲桥第、月湖盛园等老街区,真实体验地宫祭祀形式,亲身感受古塔独特美景和历史韵味。

3. 达成目标与经费测算

在文保单位(点)的管理建设中,我们本着积极做好文保单位保护与利用有效管理模式与经验的积累总结,探索出一条符合宁波文物保护与社会协作管理双赢的实践发展模式,逐步为后续考古遗址公园建设、文保点保护利用、传统历史建筑的管理提供直接有益经验,为宁波文保单位(点)开放管理提供多元模式和有益经验。

天封塔——由文保所直管,以佛教文化陈列为主线,做好登塔观光与地宫探宝等专题展室,对外接待与开放参观,同时布置与街区配套的文创产品销售服务项目。用工4名,平均年支出20万元,销售服务收入10万元,登塔参观门票收入15万元,力争收支持平后创利10万元/年。

4. 企业招聘与管理计费

在社会化运作中,时常会出现"请佛容易送佛难"的被动局面,即在引入社会化管理的情况下,当出现管理或经营不善问题时,既不能很好地满足于日常开放需求,又送不走招聘来的企业管理者等现实难题,因此,需要在招募社会化运作的企业或人才时,预先解决好和考虑好引入使用单位的直接投入与经营管理中所产生的费用问题。

我们考虑到直接投入与间接的经营管理所产生的经费情况,提出建议和意见:一是投入费折合租赁年限。将使用建筑的装修投入费用与其建筑的使用期限紧密地有机结合起来,按社会当时租赁成本折算出使用期限,逐年折算成可计金额,并结合使用年限按年递减转化成使用租赁费用。二是使用年限与折旧置换。正确将社会化的投入经费有计划地转化为房屋使用租金的年限,并逐年结算分解成使用年限,实现投入按比例消化为折旧清算年份。三是保障社会投入成本的保值增值。为保证社会企业人的合法权益,在建筑的使用过程中,优先考虑先期投入者在同等条件下的招标成功率,保证社会化投入的产出与公益性投入的保障机制,假如先期投入者无法取得招标管理权时，对于折算的年份经费，按年结算给下任接手企业并由其出资归还先期投入者。四是适当投入公益经费。在公益事业的基础上，适当地、有计划地投入和保障社会化公益开放的事业经费，以促进良性循环与体现公益性。

（节选自《文化创新比较研究》2020年第8期）

二、黄浙苏

宁波市文化遗产管理研究院
副院长

Q₁：您在宁波市文物系统工作多年，对宁波历史文化的感情是怎样的呢？

A₁：我在宁波市文物系统已经工作了 40 年，对宁波文物的大致情况还是比较了解的。我为自己生活在宁波感到非常自豪，因为宁波不仅有非常独特且深厚的文化底蕴，而且这里是中国大运河最南端的出海口，也是海上丝绸之路的起航点，这种格局在全国是独一份。当然其他城市也有属于它们的城市文化，但我自己与这座城市、与这座城市的文化有着特别深厚的联系。这么多年来，我一直参与对文物的管理和保护工作，越发感受到宁波历史文化深深的沉淀。我一直觉得，如果一个人对自己从事的工作没有感情，他肯定做不好这项工作。可以这样说，宁波的城市文化激发了我对它的研究热情，几十年下来，我现在已经是一名老文物工作者了，但对文物工作的执着和热爱依旧不减当年。

Q₂："天封塔、鼓楼沿，东南西北通走遍"是宁波老话，您去过现在的天封塔及其周边历史文化街区吗？

A₂：当然去过。我第一次登天封塔是 1993 年，当时是怀着好奇的心态去登的塔。现在，登塔对我来说是家常事，每次有像文明城市评比这样的重要活动，我都要登上去对整个塔的情况进行检查。天封塔从 1984 年落架大修，到 1989 年修缮完成，到现在基本一直保持原状。这么多年，塔内的陈列几乎没变，塔外安装了一些像护栏这样的安全设备。现在郡庙和天封塔在进行一体街区打造，用意在于将商业气息和市民文化相结合，凸显我们宁波的文化底蕴。从现实的角度考虑，没有商业氛围的城市文化是不接地气的，我们这样的安排，就是为了使市民和游客在步行街上游览、购物的同时能潜移默化地了解宁波历史，这也是对宁波市的一种宣传。

Q₃：那您有了解过天封塔南侧的塔影巷吗？

A₃：有。在宁波城市改造之前是有塔影巷，它是根据塔影的传说进行命名的。20 世纪 80 年代宁波进行了城市改造，那时的路比现在要宽，公园没有现在大，旁边还有居民区。20 世纪 90 年代宁波的二次城市改造扩建了郡庙，现在天封塔的边上都变成了店铺，只留下了一个小小的路牌，所以塔影巷作为一种历史遗迹存在着。

Q₄：您听说过关于商人识宝定风珠、鲁班显灵天封塔或是老石匠斗恶鳖的传说故事吗？您怎么看待这些成为非物质文化遗产的民俗传说与客观历史事件之间的关系？

A₄：这些民间传说都非常有名，到现在人们还在口耳相传。它们作为一种非物质文化遗产，承载了人们的历史情结和美好愿望。非物质文化遗产一般都与老百姓曾经的生活有密切联系，但是随着时代的进步，这些非遗都散落民间，如果没有人去整理保护，就会有失传的可能。因此，国家花巨资保护非遗，就是为了传承中华民族几千年的历史文化。我们不仅可以为非遗制作档案，还可以通过拍摄视频和非遗传承人口述等方式对非遗进行保护和传承。天封塔的故事作为传说，也是一种口述的非遗，我们可以透过这些故事了解那个时代的一些状况和人们的美好愿望，因此这类非遗和具体的实物遗产一样，都具有非常重要的价值。

Q₅：您所直管的是市内文物保护单位的日常管理，天封塔公园现在还承担着禁毒公园的宣传职能，当初是为何进行这种规划的呢？

A₅：在天封塔公园最初开放之时，社会对禁毒的宣传力度很大。为了响应社会号召，同时整顿周边居民区混乱的社会风气，因此想到让天封公园承担宣传禁毒的职能，或许会获得较好的效果。后来我们跟市文广局联合起来举办禁毒宣传活动，就决定把天封公园命名为禁毒公园。但是现在，这个公园宣传禁毒的职能已经没有了。因此，"禁毒公园"这个名字是曾经的时代特色，对我们现在而言是一种历史的遗留。当下，我们工作的重心已经不再是禁毒了，而是创建文明城市。

Q₆：对于天封公园内从别处移来的石刻碑帖，有没有做过拓印或整理呢？

A₆：当时为了凸显天封塔的文化，原来市文保所的所长章国庆先生就决定从各处将一些与城市文化相关的碑收集起来，集中放置在这个地方。这样的碑不仅在天封公园有，在天一阁也有很多，只不过天一阁的碑有些是自己的碑，比如明州碑林。章国庆老师还曾经专门写过几本关于宁波的碑记的著作。

Q₇：原来地宫内的石函又保存在哪里呢？为什么天封塔的管理和宁波博物院的文物收藏是分开来做的呢？

A₇：天封塔所有发掘出来的文物现在都收入宁波博物院。这里要先介绍一下宁波博物院的历史。建馆计划可以追溯到1989年，最初宁波市博物馆与宁波市展览馆合并而成，馆址位于今天宁波市文化馆所在地。1994年，宁波市博物馆并入新成立的天一阁博物馆，同时展开了新馆的筹建工作。2008年新馆建成开馆，结束了与其他机构共用场馆的历史，2020年更名为宁波博物院。当时（天封塔）挖出来的东西统一保管在展览馆里面，2008年，宁波博物馆新馆建好后转过来140多件文物，最具代表性的文物现在还在展览。而天封塔因为缺乏相应的条件，不保管任何文物。宁波博物院对这些文物的保管都是相当规范的，而且都为它们建立了藏品档案。

Q₈：那现在天封塔的"四有"（有保护范围、有保护标志、有记录档案、有保管机构）建档工作进展如何呢？

A₈：前几年，"四有"档案归天一阁管理，已经按照规范标准顺利完成并接受上面的审查。从2020年开始，这份档案又重新归我们文化遗产管理研究院管理了，我们后续还会对档案进行完善，因为虽然现在天封塔的修缮工作已经完成了，但里面不时地还会举办展览或者接待领导人的来访，这些事件都是需要载入档案的，所以要对"四有"档案不断编写、完善。

Q₉：针对游客普遍反映的光线昏暗、楼梯过陡、塔内空间狭窄的问题，我们有没有更多的安全风险应对机制和相关的改进措施呢？

A₉：天封塔的塔身是砖混结构，但也有一部分是木质结构，历史上曾经遭受过好几次火灾和雷劈。天封塔内必须严禁明火，而且如果光线太强还会损害木材，好在现在可以装冷光灯，否则普通的照明灯照明时间过长会导致木材受热变形。对于楼梯狭窄的问题，受制于天封塔本身的大小，暂时没办法改变，肯定会影响游客的游览体验。但是，我们的原则是任何事务都以安全为先，因此游客、建筑和文物的安全是最重要的。当然，近几年我们从游客的角度出发也在不断努力，思考如何让游客能方便、安全地攀爬楼梯，在塔内也安放了指示牌提醒、引导人们注意安全。而且，考虑到天封塔内空间比较狭窄，我们也会对游客的数量进行控制，通过限制人流以避免发生拥挤甚至踩踏事件。此外，天封塔毕竟是具有一定高度的建筑，我们也在楼梯周围装了栏杆，并对70岁以上的老年游客进行劝退，这也是为了大家的健康、安全着想。未来我们还会不断完善这种设施和规定，并对现有问题进行针对性改善。

Q_{10}：塔内的墙体上密布着"到此一游"的划痕，目前有没有清理留言并加大文明旅游宣传力度的打算呢？

A_{10}：我觉得这是游客的素质问题，而人的素质问题本质上是一个社会问题，"到此一游"的划痕不仅我们天封塔有，就连故宫也有。既然是一个社会问题，就不可能一下子得到解决，我们只能采取其他方式来制止这种行为。看到有人在刻写"到此一游"，以前我们会采取罚款的措施，但是罚款不是我们的目的，因为就算是罚了款，也没办法消除已经刻在上面的痕迹。好在近几年，大家的总体素质得到了很大的提高，对文物的保护意识也大大增强，这种行为已经比较少见了。而且现在科技发达，我们配备了监控和相应的管理人员，一旦发现这种行为会立即上前制止。同时，我们也会在游客进塔之前做好宣传工作，提醒他们文明参观。针对现有的这些痕迹，我们只能在整体大修的时候进行一次彻底清理。对于某些很深的划痕，清理难度比较大，因此真的希望大家文明参观，注意保护我们的文物。

Q_{11}：资料显示，天封塔曾为宁波"海上丝绸之路"申遗的遗产点之一，

现在申遗的相关工作还在进行吗？

A₁₁：2001年起，宁波开始了"海上丝绸之路"申遗之路，之所以还没有最后的结论，是与我们的国情有关。"海上丝绸之路"涉及其他沿线国家，以后联合国可能会要求进行捆绑式申遗，比如和印度、日本一起申遗。所以目前（截至2021年11月），宁波现存与海上丝绸之路相关的文化遗产67处，只有4处最具代表性的遗产点（以元代永丰库为代表的海外贸易管理机构、以上林湖越窑遗址为代表的大宗贸易物品生产遗址、以天童寺为代表的佛教文化的对外传播、以保国寺为代表的建筑技术等的对外传播）被列入了"海上丝绸之路·中国史迹"申遗预备名单，但宁波的申遗工作会一直进行下去，包括不断研究和宣传。这里特别要指出的是，在宁波市中有21个与申遗项目有关的遗址点，其中就包括天封塔。天封塔是作为城市的一个遗迹留存下来的，它不仅是一个高塔，更是一个航标，兼具了文化和实用功能。

Q₁₂：**在申遗的前期工作中，天封塔、鼓楼、天宁寺塔、和义门瓮城遗址被共同列入唐宋明州城遗存，您是怎样考虑天封塔和其他三处古迹的关系的呢？**

A₁₂：和义门曾经是宁波的一个城门，从历史的角度看，它和天封塔是同一时代的产物，都带有典型的唐宋风格。和义门在考古发掘之后出土的文物与天封塔的文物有着非常接近的内涵，也是宁波在唐宋时期发展情况的佐证。在那个时期，鼓楼在子城中，旁边是贤通堂（即现在的天宁寺塔），再出去是和义门，外面还有航标式建筑天封塔。你看，天封塔和鼓楼、天宁寺塔、和义门瓮城遗址就这样将整个宁波城非常精妙地串联了起来。因此，把这四项建筑共同列入唐宋明州城遗存非常具有文化深意。

Q₁₃：**天封塔成为明州古城的一处航标性建筑的年代上限和下限可考吗？**

A₁₃：天封塔刚建成时只有四层，无法实现航标的功能。但是唐代开始就被建造得很高了，可以被视作一处航标性建筑。在之后的每个朝代，都一直发挥着这项功能。但是19世纪以来，尤其是20世纪80年代以后，高楼纷纷拔地而起，其他科技手段也渐趋发达，天封塔的航标作用就逐渐消亡。现在的天封塔不再发挥航标的功能，只是一个城市历史的遗迹。

Q₁₄：为什么不把天一阁也列入唐宋明州城遗存呢？

A₁₄：天一阁建成的朝代并非唐宋，而是明朝。不一样的朝代有不一样的文化，因此天一阁不适合和上面四处古迹列在一起。

Q₁₅：以天封塔为例，您认为未来宁波的城市考古、文化遗产保护和利用、博物馆展陈将朝着怎样的方向发展呢？

A₁₅：从我自己的理解看，无论是城市的考古发掘，还是博物馆对这些发掘出来的文物进行开放展览，意义都在于让我们这个城市的历史文化能够为更多人所了解。事实上，考古也是与时俱进的，原来都是在田野考古，后来在城市改造的大潮中兴起了城市考古。现在我们的考古工作已经处于很重要的地位，一旦打算对一块地进行改造，同时又发现文献上记载这一块地是有历史底蕴的，就不能随便动它，要先进行考古勘探，确定这块土地上没有有价值的遗存遗物才能施工。如果在施工当中突然发现了有价值的东西，就要立即停止施工，再次进行考古。这一系列的工作就是为了保护一个城市的历史文化。比如，透过一段城墙，我们可以了解到一个城市的变迁史和文化史，并且能通过研究其中的断层、砖土来确定城墙的建造年代。因此，城市考古具有非常强的说服力，这是文献所达不到的。在城市考古结束以后，如何处理这些出土文物就成了一个大问题。在我看来，我们不仅要对这些文物进行研究，还要向大众开放，这就需要博物馆进行集中展示。而博物馆的展示又会分好几种，其中包括描述城市主体脉络的综合性博物馆（对我们宁波来说就是东方神舟——宁波历史陈列，这个展览讲述的就是宁波的历史）和围绕特定主题的专题性博物馆（如天一阁博物馆、河姆渡博物馆）。博物馆的展陈能让市民对宁波的历史有更深入的了解。此外，宣传片也是非常好的教育手段。

三、许　超

宁波市文化遗产管理研究院
副研究员

发表文章《从〈宁郡地舆图〉看宁波城墙、河道和寺庙考古》

Q₁：听说您最近在研究天封塔的塔砖，您可以介绍一下大概的情况吗？您起初是为什么选择天封塔的塔砖来研究？研究的重点在哪里呢？

A₁：我来宁波工作已经十多年了，以前可能只是知道这里有座塔，后来知道我们单位的前辈还做过考古工作，我就去读相关的简报和文章，随着工作的深入慢慢了解更具体的问题。至于考虑研究天封塔的塔砖，是因为宁波其他地方的塔砖很难再找到文献记载和实物资料，而天封塔经过考古发掘和大修，一部分塔砖流向我们文博单位，材料是现有的。

在20世纪80年代大修的相关报道和文章里有提过，几千块塔砖上有发现铭文，但因为时间早、量很大，一直没有更详细的内容出现。我看到这个信息后，就想去找找看，我今年才着手去做，进行了比较基础的整理工作，还算不上有多么深入或者多么细化的研究。宁波大学有个硕士生也参与了一部分基础的整理拍照工作，存放塔砖的保护室里也有老师来参与。

我们首先要了解，烧砖、修塔、历代的大修都会产生不同的时间点，我们单位里面现存的砖是零散堆放的，大多残缺得比较厉害，相当于很多信息已经缺失了。最后一次大修后，工作人员可能在上面做了一些和塔砖位置信息相关的标志，但是我们也只能了解到这块砖到底是从第几层塔上拆下来的，具体用在塔的什么部位，已经很难说了。

塔砖上的铭文信息非常关键。从现在整理的情况来看，大体上可以从几个内容方面来讲。首先，塔砖上有时间信息。有些模印的砖上有干支年份，元代的材料比较多，被用毛笔和朱砂写在塔砖上，通过文献记载，也能印证元代的这次大修规模应当比较大：穹窿顶底部为元天历二年（1329）所建，二级以上为元致和至元天历年间（1328—1329）大修。第一二级出有"甲子""乙丑"铭文砖，因为南宋大修地宫塔基的年代，在甲子之后正好是乙丑，关系比较匹配，应该指的是绍兴十四、十五年。这几块砖可能从南宋就开始用，后来的修葺中也反复在用。

其次，铭文中还记载了塔砖捐赠人的信息。造塔的时候，佛教信徒们会自己掏钱买砖捐砖，简单一点的铭文就记录了这块砖是谁来认捐的，复杂一点的还能形成类似发愿文的材料：比如参与造塔活动以此为家人祈福，这会牵出一大堆人名，大多数是子女为父母或全家人祈福，也有少数是哥哥为失去的弟弟、父母为早夭的孩子祈福，体现了非常朴素的亲情。此外，砖上写的也未必是捐砖，还可以有捐粮食、捐钱，也有匿名捐赠的形式。捐赠人的地域分布也能从塔砖上略知一二，很明显，出现了大量城内的，尤其是天封塔附近小区域的地点信息，反映出以天封塔为中心的城内居民捐赠情况。当然，也有其他地方人员的捐赠，周围的县有定海、慈城，稍微远一点的有温州、台州，数量就相对来说要少一些。捐赠人的身份大多是普通的市民阶层，有一些佛教信徒会用"比丘"或"比丘尼"加上自己的法号，周边寺庙里也有和尚或者住持来捐赠。

除了以上这些信息，塔砖上还有不少戳印出来的东西，也就是趁砖坯还在阴湿状态下，拿模子戳印到砖的平面上。印的大多是梵文佛经翻译成汉语的段落，段落集中出自某几种经卷里。大致的情况就是这样。

Q$_2$：您研究塔砖主要是靠文献材料吗？您实地去看过天封塔吗？

A$_2$：我之前去过天封塔，最近我可能还要再到那里去值班。《宁波文史资料（第8辑）》里有一篇早年间宁波市文管会主任虞逸仲先生写的《天封塔今昔》一文，1989年天封塔落架大修刚完成之后，他就发了这篇文章，比较权威，对天封塔的历史沿革、修整情况、出土文物，包括塔砖，做了全面的介绍。

Q$_3$：中国中外关系史学会会长耿昇教授讲到法国人在《中国出口贸易实地考察》中描述道："中国最美的宁波城……具有大量的历史古迹。其中最引人注目的……名为敕封塔（即天封塔）……在塔壁上发现了法国三帆阿尔克梅纳号上多名海员题画的名字，该船曾于前一年访问过宁波。"我们在修缮过的地宫墙壁上并未发现有刻画痕迹，请问您了解有塔砖上有此类刻画痕迹吗？

A$_3$：我没有看到。因为我们现在整理出来的这一部分塔砖并不完整，实际上塔用砖他用的情况肯定是非常多的。当时天封塔大修的时候，虞先生他们做了完整的编号，记载中描述已经编号登记有朱书3450块、铭砖4600块，但我们现在能看到的砖只有不到400块，一共有8000多块，我们整理出来的还不到400块，1/20都不到，剩下还有大量的砖被重新砌回到了现在的天封塔里面。现在的天封塔又做了粉刷，塔砖上这种局部细节就很难再被看到了。你们有机会可以到现场再去找找看有没有线索和其他的相关材料。

Q₄：您打算继续进行更为深入的研究吗？

A₄：我们会把这个问题尽量深入探究下去，如果没法深入下去，我们也会尽量把基础的材料总结出来。因为塔砖承载的信息和当时社会的市井生活密切相关。

Q₅：您读博的时候写了《从〈宁郡地舆图〉看宁波城墙、河道和寺庙考古》一文，从地理历史角度研究考古问题，您觉得地图对于地方历史研究有什么重要作用？

A₅：那是非常重要的，地图可以让你更直观地了解你所研究地域的基本情况，更直观地建立各种地理关系；如果没有地图，就没办法复原当时的样貌，只能靠实地跑调查或者是猜想。而且当时我觉得这个图还不太常见，大家的关注度还不是很多，所以考虑写一篇介绍性的文章。

Q₆：您在文章里提到了宁波市文物考古研究所在配合城市建设的过程中还对天宁寺（唐国宁寺）、崇教寺遗址进行了发掘，同样是宗教建筑，与之相比天封塔有什么不同吗？

A₆：区别挺大的。天宁寺的发掘我没有参与，但崇教寺的发掘我一直在现场，这两个遗址是以寺庙为主，宗教性更强。但是天封塔肯定是以塔为中心了，在宁波城区里面的公共性更强了一些。而且对于整个中国塔的发展来说，地宫是比较核心的部分，有完整的发展脉络在，寺院的研究可能不会特地聚焦于这个点。这是我个人的一点感受，也不一定对。

Q_7： 文章中还提到"大修后的天封塔虽然在一定程度上复原了宁波城的人文景观，却仍不免让人产生迷失在混凝土森林之感"，在您看来大修前后的天封塔有什么区别呢？您认为这些改变是好是坏呢？

A_7： 肯定有很大的不同，整个天封塔周边的大环境已经发生过非常显著的改变。比如说之前天封塔周边还有两条水系，东河西河，沿着河边上还有很多的桥梁寺庙，而这些城市里的细节现在已经完全改变了。现在天封塔周边的历史风貌在淡化，老街区的改造加入了很多商业活动，这是城市发展的一个趋势。但是开发到什么程度？怎么把传统与现代结合？我觉得现在天封塔和周围街区几乎可以说是比较独立的两个存在，没有结合到位。

Q_8： 您也写道"现代化、城市化的推进是中国近百年来发展的趋势，中国传统都市如何能与这一历史潮流协调发展，将是我们不得不面对的课题"，您觉得在这样的时代背景下，天封塔及其保护和宣传工作还有什么能改善之处吗？

A_8： 我们大家都比较熟悉宁波博物院里保存的天封塔地宫出土文物，现在塔体也得到了比较好的保护。但还有其他的一些文物和塔自身的关系很大，比如现在天封公园南面那个铁铸的塔刹，本身就是塔顶结构，拆下来放在那的，它底层的覆钵是元代的遗物，中层的宝珠和上层的承露都是清代的遗物，其实还可以多做些研究或者发挥些其他用处。有两件石匣子里出了《妙法莲华经》，有一件木盒子里出了《大乘妙法莲华经》，还有一个铜皮制成的经筒里也出了《妙法莲华经》，出土的时候酸化、碳化、絮化都非常严重，2010年报道天一阁和南京博物院、南京航空航天大学合作修复了一部分，但具体保护到什么程度，到现在也没有公开出来，相当于拉远了这些经折和大家的距离，当然很难让人们记住它们的存在。

附文：

从《宁郡地舆图》看宁波城墙、河道和寺庙考古

许 超

《宁郡地舆图》中所绘的寺庙与一些公共建筑，用红色凸显。其中官方祭祀类有府学、县学、府城隍庙、县城隍庙等；佛教寺庙有天封寺、永灵寺、白衣寺、延庆寺等；民间庙社有海神庙、皂荚庙、鄞江庙、助海龙王庙、天后宫等。此外还有基督教建筑天主堂，社会慈善机构育婴堂。

据民国二十四年《鄞县通志》记载，天封塔建于唐武后天册万岁及万岁登封纪元时（695—696），故得是名。塔高十有八丈，其制为层明暗者各七。每层六角，玲珑秀拔，巧甲天下。建有天封寺，天封寺亦称"天封塔院"。宋建炎间，毁于兵火，绍兴十四年（1144）大修；元泰定元年（1324）又废圮，至顺元年（1330）又重修；明永乐十年（1412）雷火击毁三层，同年大修；嘉靖三十六年（1557）飓风毁塔顶，三十八年（1559）又大修。此后清代、民国年间又经历了多次大修。

1956年，天封塔塔顶出土了五代阿育王铜塔。铜塔通高29.2厘米、基座边长9.6厘米，由基座、塔身、塔顶三部分构成。塔身内侧铸阴文"吴越国王/钱弘俶敬造/八万四千宝/塔乙卯岁记"的造塔题记。乙卯为后周显德二年（955），但从造型、样式分析铜塔下方承及须弥座，可确认为宋代后加。

1982年宁波市文管会对天封塔地宫进行了勘探、发掘，出土了地宫石函、绍兴十四年银质宫殿建筑模型、银塔、银香炉、银佛龛，铜、玉、石质的各类佛像，以及银饰和瓷器共54种，计140余件，另有历代钱币200余斤。1986年10月至1987年1月，宁波市文物考古研究所为考证天封塔的建造年代、解剖塔的基础结构、了解塔的倾斜原因，又对塔基进行了考古发掘。发掘显示塔基平面呈六边形，边长5.5米，面积79.2平方米，中心置地宫。基

础结构自上而下可分为砖石基面与夯土基础两部分。砖石基面是用砖块和梯形大石板组成的塔身承重面，厚0.20至0.23米。砖石基面以下即是夯土基础，呈六边形夯筑，边长6.75米，面积109.48平方米。按其土质土色可分四层，其中以第四层最有特色，在塔基的筑造上先铺领夯石，其上铺放射状卧木，再置六边形圈木与木桩。

这次考古发掘出土的"绍兴甲子"塔基铭文砖、塔基石函盖上铭文"大宋国两浙明州鄞县武康乡都税务前界生姜桥西居住奉……大宋太岁甲子绍兴十四年（1144）三月戊辰十八日己巳赵允谨题""天封宝塔基址下伏承乡贡进士王居隐阖宅等备己财先造宝塔第一层"等材料表明，现存天封塔塔基应属宋塔而非唐塔，也并非在唐塔基础之上大修。塔基的筑基之术，应与宁波的地脉虚软有关，宁波地处东海之滨，地表下2米左右即可见海相沉积淤泥，越深土质越软。因此，建塔工匠才凭借着自己丰富的营造经验和娴熟的工程技术，创造了独特的筑基之术。

除天封塔外，宁波市文物考古研究所还在配合城市建设的过程中对天宁寺（唐国宁寺）、崇教寺遗址进行了发掘，在莲桥街历史街区发现有宋代戒坛铭文砖、塔林等佛教遗迹遗物。

今天的宁波城建城于唐末，作为一座典型的商业都市，在前工业化时代发展到了自己的顶峰。随着交通工具的变革，宁波城作为木帆船时代的东南沿海的优良港口，已经不适于蒸汽机船的时代，其地位也逐渐被上海港所取代。工业化时代的来临，城墙、水系都成为城市进一步发展的阻碍，宁波城的都市形态在短时间内发生了巨变。

民国年间，宁波城墙被全部拆除，沿城墙墙基铺设了环城马路。城内水系也大多被填埋筑路。此后，随着城市的开发，城内水系更是遭到彻底的毁坏。近年来宁波屡遭内涝之苦，不能不说是在极大改变城市自然生态系统后必须承受的苦果。

1989年，按宋塔风貌落架大修的天封塔落成开放。数百年来，天封塔一直作为宁波旧城的标志性建筑屹立在三江旧岸，大修后的天封塔虽然在一定程度上复原了宁波城的人文景观，却仍不免让人产生迷失在混凝土森林之感。

城市不仅仅是为人类发展提供物质条件的场所，更应该是市民精神生活的栖居地。现代化、城市化的推进是中国近百年来发展的趋势，中国传统都市如何能与这一历史潮流协调发展，将是我们不得不面对的课题。

(节选自《大众考古》2014年第6期)

《宁郡地舆图》中的天封塔（清《宁郡地舆图》 道光年间绘），现藏于美国国会图书馆

李孝聪《美国国会图书馆藏中文古地图序录》，文物出版社，2004年10月第一版，P110，彩图十三

四、章国庆

曾任宁波市天一阁博物馆副馆长

Q₁：您是碑刻专家，请问您有研究过天封公园里的石碑吗？您著有《甬城现存历代碑碣志》《宁波历代碑碣墓志汇编》《天一阁明州碑林集录》，请问天封塔里的石碑有收录在里面吗？

A₁：我有专门整理过天封塔的石碑，全部收录在《甬城现存历代碑碣志》这本书里，这本书收录的是海曙区范围内的石碑，包括天封塔与城隍庙的这部分。《宁波历代碑碣墓志汇编》这本书覆盖的是宁波市的大范围，不包括城隍庙与天封塔的东西。《天一阁明州碑林集录》收录的仅为天一阁范围内的石碑。

Q₂：天封公园的石碑来自哪里？又具体讲了哪些方面的内容？是否有与天封塔相关的内容与记载呢？

A₂：据我粗略统计，天封塔的石碑大概有20多通。主要有三种。

第一种石碑是从以前位于天封塔南面的鲁班殿那里搬迁而来的，主要是泥工、木工方面的政府告示碑。为什么要做这种告示碑呢？是因为行业纠纷。当时的泥工与木工之间，甚至是木工与木工之间，都有分工的。比如说，造房子的木工不能去做棺材，做棺材的木工不能去造房子，做门窗、隔扇等小木作的木工不能去承接大木作。这就是以前的行业规矩了。碑文提及的时间绝大部分都是鸦片战争以后，当时宁波相对开放，传统社会受到外来文化影响，地方经济突然繁荣，各行各业发展非常快。项目多了，竞争激烈了，同行之间也开始抢生意了，于是彼此之间就产生了矛盾与纠纷。在这种背景下，有一方去向官府告状，官府判案以后，仍然按照原来的条例处理，并告知他们不能违规、违规会受到怎样的处罚。这就是这些告示碑记载的大致内容。这种内容的碑很多，不仅仅有木工、泥工，其他行业的也有。

第二种石碑是直接从城隍庙搬来的，大概也有十几通，里面绝大部分也是由政府设立的告示碑，由行业方面争端引起，又由政府判案解决。其中有一通碑在浙江省范围内颇具地位，是关于宁波民间信局——元寓信局的。我印象中，元寓信局原来的投递线路是从宁波到温州再到福建一带，从苏州寄到温州、福建的信件也在此中转。这条线路是要经过奉化的，但可能是奉化的民间信局，具体是什么信局石碑上没提到，把元寓信局的信拦了下来，两家信局就产生了矛盾。这个民间信局说，你的这些信件要经过我们奉化，所以运送的任务应该由我们来承担，于是就这么砸了元寓信局的招牌。所以，元寓信局向当时的鄞县政府告状，政府判下来以后，仍然按照原来的规定办理，也就是仍然由元寓信局承担上述路线的信件派送。案件处理结束后，政府就竖了这块碑。虽然这块碑刻于道光二十四年（1844），但是上面的文字记载说这场信局间的纠纷早就已经处理好了。可能是以前竖立的那块告示碑因为风化坏掉了，所以在道光二十四年的时候，政府要求重新刻这块碑。这说明元寓信局的建立时间不是道光二十四年，而是还要往前推一点，推到什么时候就很难说。这块碑的意义就在于它是浙江省最早创办民间信局的实物证据。现在的浙江省邮政局对这块碑也很感兴趣，前两年要我去帮忙再拓印一下，我专门去拓了一张，浙江省邮政局非常满意，并把这张拓片的图片和所有的文字都收录在了新出版的《浙江通志》第70卷《邮政业志》上。在《邮政业志》有关章节中叙述浙江省民间信局历史的时候，首先就提到这一块碑。所以我把它称为"浙江民间信局第一碑"。当然，在从城隍庙搬过来的这些告示碑里也涉及了除信局外的其他行业，如制伞、经营水果生意等，基本上都是行业纠纷，官府判案的依据都是按照原有的相关行业规定。这从当时的官府角度考虑好像还是不错的；但是从现实社会来讲，应该根据实际情况改变管理方法。考虑到当时整个宁波处于五口通商、对外开放的大背景下，各个行业竞争的加剧与矛盾的激化是必然的。但是官府不管，它就按照原有的规定办。为什么城隍庙有这么多告示碑？这和城隍庙的特殊性有关。从历史上看，当时的城隍庙是一个市场，人流量最多、最热闹，观光、祈福、政府祭拜，甚至杂耍、看命、测字、演戏、小吃摊位等都在这里，所以官府在判案以后，往往把同一个案子刻两块碑：一块竖在城隍庙广而告之，一块竖在所涉及的行业聚集地。因此，城隍庙留下来的这种碑比较多。

上面说的两类实际上也可以合并为一类，它们都属于各个行业的告示碑。

第三种石碑的内容涉及做善事、行善举的义举方面。其中一通讲述的是清代初期发生的事情，也是由城隍庙搬迁过来的。当时清政府刚建立，政局还不是很稳定，经济没有得到全面恢复，普通百姓的生活条件比较简陋。在这种情况下，政府采取了一些举措：如果人死之后，没地方埋葬、没人处理后事或者是家属无力处理后事，那么就由政府出钱买地，为这些死者设立一个义冢集中掩埋，依此立碑。还有一通石碑所记的事件发生在民国时期，涉及的主体是宁波在外面做生意的宁波帮。我们现在研究宁波帮，都说他们是有头有脸、颇有成就、家大业大的人。但是早期的宁波帮中也有人默默无闻，辛苦经营也不能养家糊口，甚至客死他乡。在这种情况下，宁波人在上海、杭州、青岛等地，成立了很多同乡会。如青岛同乡会就集资在宁波办了一个四明公所，把在青岛经营过程中不幸去世的人运过来，由宁波四明公所接手，再跟家属联系，家属会稍微出一点点钱，但是主要是由四明公所来出面处理遗体和安葬等事项。因此，有几通碑就反映了如何解决普通在外做生意的人的后事，对于上船费、搬运费、运输费、安葬费的规定都有详细记载。四明公所的原地址在江北，所以这几通碑是从江北岸搬迁过来的。

Q₃：天一阁的石碑与天封公园的石碑在来源或内容上是否有关系？

A₃：天一阁中与天封公园内相类似的碑不少，也可以分成两部分，一部分是20世纪30年代从孔庙搬迁过来的，另一部分是宁波旧城改造时陆陆续续迁移过来的。现在天一阁的石碑数量为200通左右。

Q₄：当初为什么选择天封公园作为石碑林迁移的目的地呢？

A₄：城隍庙以前是工厂，后来因为修复需要，里边零零星星的东西都得搬迁走。当时大门对面照壁的墙脚下放着这些石碑，所以就把石碑都就近迁到了马路对面的天封公园。这样既有利于保护，又能够就地展示这些石碑。可惜的是，当时没有对石碑的长期保护和展示进行专项规划。

Q₅：请问2010年的天封公园内的碑刻拓片是您负责的吗？

A₅：2010年我还不太会拓片，那时的拓片是海曙区文保所邀请姚光明老师拓的。最早在民国时期，政府需要编写《鄞县通志》，就专门成立了通志馆与金石门类的部门，对全市各地的碑刻专门进行了一次拓片。我在编撰《甬城现存历代碑碣志》那本书时，调出了民国时期拓的道光二十四年（1844）时元寓信局碑刻，但发现当时拓得不好，破洞很多，所以我没选用，而是直接在书里收录了一张石碑的照片。

Q6：请问现在哪里可以查询到天封公园内的碑刻拓片呢？

A6：在天一阁里可以查询。民国时，全市碑刻的拓片资料都被移交到天一阁。现在大家可以查阅电子版。但是查阅时，你要对碑刻有了解，关键是要知道这块碑刻叫什么名称、是什么时代的。此外，你还需要对碑刻实体有印象，知道里面的内容与格式，才能与电脑上的资料对应上。

Q7：我们在实地考察时发现，现在放置于天封公园内的石碑多数堆在墙角，很难被注意到，并且处于露天的环境中。您认为应该如何对此类石碑加以保护呢？

A7：石刻文物的环境暴露是世界性通病，石材风化也是石碑保护面临的普遍问题之一。现在有一种高分子固化技术可使用，但也不是碑刻保护的长久之计。碑刻保护需要结合实际情况，譬如像天封公园这个环境，是没有地方给这些碑刻设立碑廊的。在我看来，在现在科技手段还不能完全保证最小干预碑刻本体的情况下，自然通风、避风、避雨、避光是目前最好的方案。现在很多碑刻保护的方法弄巧成拙了，好多非常重要的碑，上面被罩了一个玻璃罩，石碑从地上吸上来的潮气在玻璃罩的作用下生成水滴，增加了石碑的湿度。宁波有好多碑刻的原料是梅原石矿，其中一些较嫩的矿，成分细腻、贝壳成分多，只要受潮就非常容易风化。宁波天气本来就很潮湿，梅雨频发，空气湿度大一点的时候，玻璃罩会产生雾气，还会影响观看。所以我认为用玻璃罩保护碑刻不可取。民国时期经常采用的保护方法，是为碑刻设立走廊，把它们镶嵌在墙里。我认为这种方法也不好，因为墙本身会吸收潮气，这样也很容易导致石碑的风化。天封公园里有好多碑，老拓片里的字非常清楚，但是现在碑刻上的字体已经模糊不清了。

Q₈：您作为宁波人，在小时候是否有留意过或听家人提起过天封塔呢？在成长的过程中又是否对天封塔留有哪些特殊的印象呢？如果有印象，随着这些年宁波的城市发展，您对天封塔的印象有没有发生变化呢？

A₈：作为宁波人，我对天封塔还是有印象的。

上初中时，我在天封塔边上的宁波第九中学分部就读，每天上下学都会近距离经过天封塔。那时候我看到的天封塔是20世纪50年代修缮后的。清嘉庆年间，天封塔着火，塔上木结构的挑檐全部都被烧毁而凹进去了，塔上面的一些砖块也剥落了，整个塔像"素鸡"一样一节一节的。20世纪50年代修缮时，挑檐凹进去的部分全部被拉直，塔身也全部用混凝土封起来，形成一个很挺拔的六边形塔，这就是我当时看到的塔的样子。我记得塔刹上面有覆钵，覆钵上面还有树，长得很多、很大。上塔的门票是2分钱一张，门口有一个伯伯在负责管理。但是当时我在大人那里听到了一些坊间传闻，感觉很害怕，所以小时候也不经常上去。

后来，我高中毕业后参加了工作，读夜大时亲眼见证了天封塔的大修。这时候的天封塔倾斜很严重，有危险，所以需要对老的塔进行落架大修。而我夜大上课的地方在天封塔旁边一个楼的二楼，每天目睹着天封塔的"重生"过程。

1984年10月，我夜大毕业，被调到了宁波市文管会办公室，接受了一些专业训练，到省里以及扬州等地进修与培训了大半年，学习了一些文保专业知识。当时正值天封塔的塔基发掘，我经常去现场，了解考古情况、地基结构、地宫等。对于当时的老前辈来讲，我们还处于学习阶段。但是自从参加工作、专业学习回来以后，我对于天封塔的认识慢慢开始加深了。

在宁波市文管会办公室待了8年，我又被调到了宁波市文化局。在宁波市文化局工作的半年时间里，我主要负责文保工作，因此与天封塔有一些接触。1995年，我去了市文保所工作，开始对天封塔进行直接管理。

Q₉：在目睹天封塔变化的这些年里，您有感触格外深刻的事情吗？

A₉：有。首先，是关于天封塔的历史。现在有很多人把天封塔与天封寺混为一谈，但是依我看来，这是两码事。首先，天封塔是一个风水塔，而天封寺是一个佛寺，这是两个概念；其次，天封塔的始建年代是唐代，天封寺的始建年代是宋代。参考宁波的唐代佛塔——天宁寺塔，可以发现，唐代佛塔的体量小，往往是呈现中轴对称的两个塔。尽管天封塔的唐代样式不可考，但是显然，天封塔的体量远大于唐代的佛塔。这有两个可以证明的方面。第一点，我们有大沙泥街与小沙泥街，传说这两条街是建造天封塔时的沙泥堆积起来的。如果这个是佛塔，体量跟天宁寺塔差不多，何必要用这么多的沙泥？第二点，在20世纪30年代拆宁波城墙的时候，出土了好多天封塔塔砖，塔砖都有铭文，上面有名有姓：有模印上去的"张俭并妻朱氏四七娘买砖添助建天封宝塔"等一大批砖；有朱书的"某某人合家修葺宝塔"，还有道符书写的。这些从城墙上拆下来的天封塔的唐砖，是民国时北京大学教授马廉收集来的。他当时回家养病，正好碰到宁波在拆城墙、建环城马路。他把这个城墙上面的古砖采集过来，做成目录，然后捐献给当时的天一阁，现在天一阁的千晋斋里就存放有天封塔塔砖。天封塔的唐砖被砌到城墙上去，说明当时塔的体量非常大，可能是唐塔被毁掉以后，塔砖散落民间或者是被遗弃在周边了，建城墙的时候又被人利用了。说天封塔是一个风水塔，是因为新皇帝武则天要改年号了，建塔以镇一方平安，祈求一种盛景。天封塔建成之后，三江口慢慢地发展起来，唐长庆元年（821）——也就是建塔100多年以后，明州州治迁至三江口，宁波城市史由此开始。可能后来政府部门委托过寺院的僧人管理天封塔，但我认为天封塔作为风水塔的性质是不变的。

  第二个是天封塔的功能。提到天封塔在历史上是风水塔，过去的老百姓是有信仰的，对于现代人来讲，天封塔"镇一方平安"的精神价值好像会淡薄一点，它的功能更多变成一种标志性的、不可或缺的景观。作为一个宁波人，我觉得宁波如果没有天封塔，好像就不是宁波。因为现在的城市景观变化太多了，但是哪怕高楼大厦建得再多，天封塔的历史底蕴就在那里，是无法改变的，这是属于宁波人的地标文化心理和记忆属性。

Q$_{10}$：您在工作之后登过多少次天封塔呢？现在的天封塔和从前有什么

不同呢？

A₁₀：我经常登。我在市文化局管理天一阁的时候，天封塔归天一阁管理，我就是跑天封塔最多的人，没退休的时候可以说是每个月要登顶两三次。天封塔的瓦当、滴水、飞檐走兽，整个屋面构件受自然环境影响都容易开裂掉落，所以我得一层一层地检查，及时修补坏掉的地方，不然这是一个开放的公共场所，万一有东西掉下来，砸到人的头上就出事了。这时候我爬上去的心情和赏景的游客不一样，我是去工作、去保障游客安全的。

登塔还要做的是清理涂鸦。塔上有很多"到此一游"的刻画痕迹，越往上越多，我们要及时粉刷，保持环境的整洁。因为总是去爬，多看了这个塔，也就没有悠闲的心情了。现在天封塔周边的高楼大厦很多，登上去视野也有限。

Q₁₁：您了解过天封塔地宫出土的文物吗？

A₁₁：天封塔地宫里的东西保存了800多年，能够呈现在当代人的面前是非常宝贵的。我印象深的有香炉、佛教法器，最重要的一件是银殿。从宁波建筑发展史的角度来讲，北宋有保国寺，南宋就有天封塔地宫银殿，这个模型做得非常精致。从结构的角度来讲，一栋古建筑无非就是屋顶、构架、台基三部分，银殿呈现得非常全面，刻画的斗拱也相当逼真。透物见人是中国考古文博学派最大的优势，今天我们要让宋韵文化活起来，就是要有实物可以讲，保国寺在这方面探索得很好，他们会自主举办一些科普活动，我们也应该对天封塔地宫银殿予以重视，把文化传播出去。

Q₁₂：您听说过关于商人识宝定风珠、鲁班显灵天封塔或是老石匠斗恶鳖等传说故事吗？您怎么看待这些成为非物质文化遗产的民俗传说与客观历史事件之间的关系？

A₁₂：故事很多，我听过，自己也会讲。宁波人喜欢说"天封塔十八格""沙泥堆砌塔""鲁班师傅会斩妖"，还有吵架的时候讲"你很有本事，可以背起十八个天封塔"，这些故事和俗语在老宁波市民心里打下深深的烙印。我们做考古文博的人以前也不是很关注这方面内容，研究民间文学的人在这方面更有优势、搜集的资料更多。要多挖掘自己家乡的东西，让这些老的东西跟现代人的生活、现代社会产生互动，历史并不是被封在箱子里的，应该打开历史和民众相连的窗口，给人以更深刻的认识和启迪。

Q$_{13}$：您听说过地封塔吗？

A$_{13}$：天封塔右边以前有两条河道，现在成为所谓的马路了，一条是开明街，一条是解放南路。以前，这两条河道，从中山路慢慢向南收缩，到延庆寺相交汇，形成一个尖塔一样的等腰三角形，中间还有好多条横向的马路。一条马路划分两格，从平面看过去，形如地封塔。从城市规划来讲，南方的城市和北方的城市是不一样的，北方的城市方方正正便于规划，但江南水乡不可能按照《考工记》的理论进行规划，只能按照自然形成的河道来规划建设，所以宁波城在无形中形成了一个"地封塔"。

Q$_{14}$：您了解郡庙天封塔历史文化街区及其规划建设情况吗？

A$_{14}$：我刚刚参加工作的时候跟宁波市政府的规划部门打交道比较多，政府提出要宁波参评国家历史文化名城，1986年12月8日国务院公布了第二批国家历史文化名城名单，宁波位列其中，我不会忘记这个时间。当时宁波的保护规划确定的不是全城保护，而是点线面结合，把分散的街区有机地连接起来。我们找到了三个视廊：从鼓楼可以看到天封塔，当然，从天封塔也可以看到鼓楼。从鼓楼可以看到月湖，从月湖也能看到天封塔。现在还能从月湖看天封塔，从天封塔看鼓楼。但是很遗憾，无意暴露不叫有机地连通，这两个地方能互相看到是一个偶然，而非有意地规划。其中是有欠缺的：现在站在鼓楼看月湖是看不到的，因为鼓楼大厦把美丽的月湖挡住了。名城改造成功的例子也有：比如柳汀街改造，有居士林，有明代的牌坊等一系列东西。虞逸仲是我们市文管会的老前辈，这些东西他专门请上海同济大学权威的园林专家陈从周老师来跟城建部门交涉，这之后才让建设拐了个弯，把原来的两座小桥和两边的古建筑保留下来。

天封塔原来是有塔院、有围墙的，范围就是天封公园这个区域，是归我们市文保所管理的。当时城建部门决定要拆掉围墙，我们极力反对，因为这座塔很高，虽然是新修的，但上面还是难免掉落瓦片等小构件，砸到人就糟糕了，而且拆掉之后我们就没有这块地皮了。但现在看来，拆掉围墙之后天封塔可以更好地融入整个城市，使得景观凸显出来。这也给我们文物部门一个教训，就是不能只从部门的利益着想，如果怕有东西掉下来，加强维护和检修就好了。现在除了沿街的店面还有墙隔开，其他几面都开放了。

20世纪90年代前后，我在市文化局搞文保，也关注了郡庙天封塔历史文化街区的情况。当时城隍庙商场商业繁荣，要扩大经营，城隍庙的北门被打通后，整个面都暴露在柳汀街上。这个改造工程要开协调会，根据《文物保护法》，我们文物部门也要参加。我一看不得了。一座建筑是有层次、有规矩的；城隍庙前面是八字照壁，还有月洞门，再有三个门厅，一进一进过去，最后是大殿，对面是戏台，再往后的规格相对会低一点。城隍庙的整体布局是有讲究的，不仅左右对称，而且屋顶形式也是特定的：前面都是重檐顶，后面都是硬山顶，再往后就纯粹是人字顶了。但当时有人认为这些原始的样貌很难看，说要把城隍庙都做成南面飞檐翘角、非常华丽的样子。但是城隍庙是市级文物保护单位，我们建筑修复的原则是修旧如旧，就是维持现状、恢复原状。如果做这么伤筋动骨、添油加醋的改动，我是不同意的，那时我还年轻，该讲就得讲，我就如数讲出来了。按照《文物保护法》，这个方案是要经过省文物局批准的，我知道省文物局肯定不会批准这个方案，后来果然不了了之。现在城隍庙的老建筑还是原汁原味的，这让我很欣慰。但现在，城隍庙的旁边搞出了体量更大、更花哨、材质都是钢筋混凝土、外面无非是假古董的东西，风貌协调非常失败非常喧宾夺主，让人感觉本来原生态的古建筑也是从其他地方搬迁来的一样。文物不能动，但文物周围的环境需要调控，这需要很多部门协商。城隍庙周围环境的改变发生在我在市文保所直接管理天封塔的时候，对我来讲也是一件必须吸取教训的事情。

第四章
博物洽闻：博物院工作人员

一、陈　超

宁波博物院陈列展览部
策展人

Q_1：请问您是宁波人吗？对天封塔有无印象或特殊记忆呢？

A_1：我是宁波人，小时候住在现在的灵桥以东的地方，因为距离天封塔比较远并且交通不方便，小时候去的次数不多，仅仅中学时和大学时去过两趟，其余时候都只是路过。天封塔以前可以买门票登塔，除此之外，我印象比较深刻的是那里有很多的老建筑。

Q_2：随着这些年宁波的城市发展，您对天封塔和宁波城市的印象有没有发生变化呢？给您留下最深的印象是什么呢？

A_2：第一次登塔没有什么太大的印象，第二次登塔的时候我对于宁波市的变化感触很大。我曾经有四年外出在景德镇学陶瓷，从 2001 年到 2005 年，每一年回去都觉得宁波有很大的变化，常常会找不到路，会感觉现在的地方和自己曾经非常熟悉的地方变得不一样了。我在外学陶瓷的那段时间正好是宁波城区建设、城市变化最快的时候。城隍庙以及现在的一些广场和高高的建筑应该都是最近五年才建成的。

Q_3：作为一个市民，您觉得这些变化是使得市民的舒适度提高了，还是觉得有哪些可以改进的地方？

A_3：对于这些变化，绝大多数人都觉得是好的，因为它给人们带来了更好的生活条件，让城市更加干净大气，向着上海这样大城市的方向去发展。但是对于另一部分人来说，包括我们搞美术的，旧城改造对一个城市是非常致命的问题，会把一个城市的历史彻底抹去，导致每个城市的同质化严重。同时，这些改造也可能引发"乡愁"，我们学美术的经常去一些老房子，就比如安徽宏村，里面都是些很破很破的房子，但就是会给人一种"家乡"的感觉。

Q_4：2021 年 12 月，宁波建城 1200 周年特展开幕，展出了天封塔地宫出土的银塔、香炉、佛龛、玻璃瓶等，您是否参与了该模块的展陈工作？

A_4：参与过。其实我们内容设计、形式设计的人员都有参与，展览基本上都是团队作战。有人写大纲，有人做设计。除了统筹整体展览的各个环节之外，我更多的精力是在设计方面。

Q₅：您设计时的思路是什么样的？

A₅：这次的展览比较特别的是，虽然是一个考古展览，有大量的展品由宁波市考古所提供，但是我们想打破常规的形式，从空间概念出发，让展厅的布局跟宁波地理位置的布局相匹配，都是按照东南西北的方向来布局的。

Q₆：为什么选择这几件地宫文物进行展陈？

A₆：天封塔地宫是宁波考古出土年代较早的金银器、佛像的地方，别的地方都是碎砖碎瓦。所以这几件文物有着比较重要的标志性意义。

Q₇：对于这些文物，宁波博物院的研究人员或者其他专业人士有没有做一些相关的研究？

A₇：这部分文物由考古所移交过来，宁波市考古所做的研究我们都已经很清楚了。这次展出是有很多人来参观的，包括很多做文物鉴定的专业人士。这些文物可能没有那么精美，但是对于专业人士的意义还是很大的。

Q₈：在展陈的天封塔部分，我们注意到有很多的图片以及展板，您是否有参与其中呢？

A₈：博物院的展览以物为主，展板的设计是次要的。虽然可以设计得更好看，但是为了突出展品，通常会弱化展板的设计。但是在我们宁波博物院的展陈里也会投入比较大的精力去做序厅，让人一眼就被吸引住。

Q₉：您曾在第六届全省博物馆展览陈列暨数字展陈交流培训会上汇报过宁波博物院展陈数字化现状，那么天封塔出土的文物是否已经完成数字化采集？

A₉：目前数字化的进度是：二维照片的采集都完成了，三维资料的还不多，玉石佛像已经完成了三维拍摄，但是零碎的东西比如首饰、钱币，这些东西的数量很大，所以还没有全部进行拍摄。一些重要的文物我们设置了扫码听讲解的功能。

Q₁₀：在日后临时展览中，宁波博物院会考虑把三维的数字资源放到展陈设计中吗？

A₁₀：会放在展陈设计中。宁波博物院的展厅已经进行了部分的数字化采集，比较多地集中在陶瓷尤其是越窑青瓷上。这些资源会在之后的博物院展厅改造中使用。不过就目前而言，还没有特别详细的使用计划。

Q₁₁：我们了解到天封塔的文物均保藏在宁波博物院的库房，而每次展出的文物有限，之后对没有展出的文物是否有相关的展出计划？

A₁₁：我们主要是根据文物的保存情况来决定是否进行展出，这次展陈几乎拿出了所有可以展出的天封塔地宫的文物。

Q₁₂："天封塔、鼓楼沿，东南西北通走遍"是句宁波老话，您知道这句话的意思吗？

A₁₂：这句话的意思可能指的是天封塔这一带比较繁华，有各式各样的店铺，在这一带走完一趟之后就觉得天南地北的东西都能在这里看到。

Q₁₃：在展陈的最后也提到很多宁波的老话，比如"天封塔，十八格"，当初这样设计是源于什么特殊的灵感吗？

A₁₃：我们想在两个展厅的交界处，做出城内城外的分界以及街景的感觉，氛围比较安静，所以我们做了一个街巷。刚好城门的地方特别热闹，所以我们在此做了这样的一个动画，里面加了些宁波的老话。

Q₁₄：当时是怎么想到在序厅里拿地图来展现宁波不同时期变化的呢？

A₁₄：序厅设计完全是我们自己部门做的，是想通过一些老的宁波地图，也有中国国内古籍上的地图,来看一个城市尤其关注罗城的变化。又刚好从宁波市自然资源和规划局了解到他们有精度比较高的当代宁波地图,所以采用古今对照的方式,带给观众直观的感受。如果博物院将展览做得过于专业,那么非专业的观众看展览可能会比较累,走马观花十分钟就出来了;而换一个稍微简单有趣但又不缺少专业性的动态图像,会更好地吸引观众驻足。

Q$_{15}$:早在1997年12月,郡庙天封塔街区就被公布为宁波市历史文化保护区;2021年3月,《郡庙天封塔历史文化街区保护规划》再次公示。您有去关注过相关的情况吗?

A$_{15}$:现在的城隍庙已经不是以前的城隍庙了,我小的时候,城隍庙非常热闹,但是现在城隍庙已经失去这种感觉,而更加偏向于商业化了。现在城隍庙卖的东西其实在任何一个老街里都能买到,但是以前的城隍庙是非常有特色的,比如我印象特别深刻的有一种非常好吃的烤鸽子,现在基本上都找不到了。由于城市的扩大,人们的生活被分割开了。比如说宁波会有印象城、万象城之类的商场,让人们的活动限定在一个圈子里,而不像以前,过年过节都到城隍庙来举办民俗节庆活动、分享或品尝美食。

Q$_{16}$:您认为历史文化街区应该在城市中发挥着怎样的作用呢?

A$_{16}$:历史街区承载着很多人的乡土情结,像我的爸妈这一辈就总想着留住历史的痕迹。一般来说,在城市的保护和城市的建设中,一方面要把城市建设得干净整洁、统一好看;另一方面,从文化上来讲,要保留它的文化特色,修旧如旧。老房子常有一期二期三期等工程,一期还只是改造,但其实之后的二期三期都是新建而非改造。比如南塘老街,里面大多是仿古的新房子,虽然有时候会穿插个别仍然保留在那里的老房子,但商业化街区的味道更浓重了。

Q$_{17}$:以天封塔为例,您认为未来宁波的文化遗产事业将朝着怎样的方向发展呢?

A₁₇：这是一个有点大的问题。我们的工作往往从一些小项目入手，最终会累积成一个大的项目。宁波博物院展览的方向有很多，但我们主要的展览还是坚持于传播重要的、典型的、对于宁波有非常大贡献的内容。宁波市政府对于资金的保障和支持力度还是非常大的，市民不出市就能看到非常好的文物。有些文物不曾展出或非常少见，我们也会去争取来展出。比如我们曾引进叙利亚的展览，展览在中国巡回的城市有限，而宁波是其中之一；还会引进有关饮食文化的国家博物馆的展览，也会讲一些本土化的东西。

二、陈明良

宁波博物院典藏研究部
副研究员

Q₁：请问您是宁波人吗？您有听说过关于商人识宝定风珠、鲁班显灵天封塔或是老石匠斗恶鳖的传说故事吗？有了解过其他与天封塔相关的民间俗语吗？

A₁：我是宁波人。现在应该只有很少的人知道"天封塔、鼓楼沿，东南西北通走遍"这种话了，我虽然也知道一些像商人识宝定风珠、鲁班显灵天封塔这样的传说故事，但要我具体描述，我也说不上来。

Q₂：您参与了宁波市第一次全国可移动文物普查的数据审核，当时有对天封塔地宫出土的140余件文物和200余斤钱币进行相关工作吗？

A₂：宁波市普查办公室组织市里专家负责数据的最后审核，我当时审核的主要是宁波全市范围的钱币，但是没有负责天封塔这一部分。

Q₃：除了国家要求的14项指标，在第一次全国可移动文物普查（简称"一普"）中宁波博物院还推出了哪31项指标呢？目前，"一普"的信息管理系统还在使用中吗？我们看到宁波博物院的文物数字化工作还尚未完成，作为观众有无可能在未来的某天从线上欣赏天封塔地宫出土的文物呢？

A₃：还有的31项指标包括保管信息、基本情况、鉴定信息、考古发掘信息、来源信息、流传经历、损坏记录、移动记录、修复记录、展览信息、收藏单位信息等。相比于这31项指标，国家的14项指标是必填的。目前，宁波博物院的"一普"信息管理系统主要供内部使用。未来可能需要很长一段时间，观众才能够在线上欣赏全套的天封塔地宫出土的文物。

Q₄：目前，宁波博物院是否有关于天封塔地宫出土文物的系列档案呢？把文物从地宫转运到库房时的情况是怎样的呢？现在的保存条件、环境、流程又如何呢？

A₄：宁波博物院暂时还没有这个系列的档案，但是我们有了"一普"平台，几乎所有关于天封塔的信息都能在上面检索到了。我到博物馆工作的时间比较晚，因此把文物从地宫转运到库房时的情况我不是很了解。现在的保存条件应该是不错的，恒温恒湿，这些文物只有在展览的时候才拿出来，其余时间都被安置在库房中。

Q₅：在宁波博物院规划建设初期，为何将天封塔地宫出土的文物放在"东方神舟——宁波历史陈列"中"国际港城"的最后一部分呢？挑选展品的标准有哪些？如何体现天封塔和海上丝绸之路的必然联系呢？

A₅：宁波历史陈列是一个系列，是按照时间来排布的，因此天封塔的展出位置是根据"国际港城"这部分的展览内容、藏有文物的具体情况、陈列设计等综合考量后决定的。我们一般会根据文物本身的价值、观赏性或者在所有文物中它对天封塔的代表性来挑选展品。至于如何体现天封塔和海上丝绸之路的必然联系这个问题，古代城市的塔建一般都是比较高的，很多有地标作用；同时，东方的塔往往与佛教联系密切。我们知道，古代交流的一个重要部分是物品的输出与输入，还有一部分是文化的交流，我们宁波的佛教文化与日本、朝鲜的佛教文化渊源深厚。

Q₆："汇流——宁波建城1200周年特展"展出了很多从前只保存在库房的文物，我们注意到整个展馆中还有一些分散在老照片、沙盘、地图册上的天封塔形象，馆方有考虑过让藏品库里的文物也活起来，把资源组合起来，举办天封塔地宫文物的专题展览吗？

A₆：在宁波城市展里把东西拿出来展过了，可能在一段时间内就不会再办同质化的展览了。因此举办天封塔地宫文物的专题展览，还需要等待一个比较好的时机。

Q₇：目前在展厅中展出的"天封塔地宫殿"是复制品，没有展出原件的原因是什么呢？地宫出土的这批文物本体存在哪些保存和研究的困难呢？日常工作过程中有没有一些难忘的事情呢？

A₇："天封塔地宫殿"的原件在库房中，因为修复已有一段时间，顶部承重结构出现新的问题，因此现在展出的是复制品。现在文物保存的条件已经比较完善了，但研究工作还没有完全展开，因此也谈不上有什么困难。

Q₈：在考古报告中描述天封塔地宫出土的玻璃瓶有残香，一些佛教研究者在文章中常提到泗州大圣造像……这些年有学者为了相关的研究课题，前来考证或调研文物吗？有没有承载特殊故事的文物呢？有没有得出新的结论呢？

A₈：在我印象当中这些年没有学者前来考证或调研文物。

Q₉：在观众意见簿中，我们看到有很多观众反馈博物院的文创存在样式少而价格高的问题，在设计文创时需要典藏部配合拿出原样参考吗？这些年有没有为设计天封塔出土文物文创而来的人，或您有见过以天封塔及其地宫出土文物为原型的文创吗？

A₉：按道理，在设计文创时当然需要典藏部配合拿出原样参考。这些年好像还没有为设计天封塔出土文物文创而来的人。

Q₁₀：您在宁波博物院工作多年，在宁波生活多年，对宁波历史文化的感情是怎样的呢？您认为未来宁波的城市考古、文化遗产保护和利用、博物馆展陈将朝着怎样的方向发展呢？

A₁₀：我一直从事跟文物鉴定相关的工作，对城市文化这一方面的理解相对薄弱一些。对于考古，我认为除部分有比较明确的线索或目标外，很多具有随机性和偶然性，我们研究工作就是要把各种成果有机地串起来，但是也不能生搬硬套。至于博物馆展陈，我希望未来考古发掘中发现的新文物、获得的新成果，有机会更开放、更全面地在博物馆进行展览。

三、何毓峰

宁波博物院陈列展览部
策展人

Q₁：请问您是宁波人吗？对天封塔有无印象或特殊记忆呢？如果有印象，随着这些年宁波的城市发展，您对天封塔的印象有没有发生变化呢？

A₁：我是宁波人，但因为从小生活在镇海，对位于市区的天封塔并无特别的印象，为数不多的相关记忆里印象最深的是宁波电视台方言民生新闻节目《来发讲啥西》主题曲里的一句"天封塔、鼓楼沿，东西南北通走遍"。现在每天上下班会开车路过天封塔，给我最直观的感觉是宁波城市在飞速发展，天封塔及其周边的区域却变化不大。我认为天封塔始终是宁波城市的地标，也是宁波悠久历史文化的见证。

Q₂：您从浙江大学研究生毕业后为何回到宁波博物院工作呢？

A₂：杭州的生活成本比较高，回到宁波之后生活会更轻松。宁波博物院的人员结构比较年轻，年轻人可以挑头承担很多核心的工作，同事的年龄差也不会太大。但因为需要承担很多工作，所以工作确实很辛苦。

Q₃：您会带自己的家人朋友去逛天封塔这样的文化遗产点吗？

A₃：如果有机会专门来一场文化之旅的话，我都会给他们介绍；但多数时候只是路过这些遗产点，我们日常生活中并没有特地去了解这些东西的习惯，最多了解一下年代和用途，很多人对此兴致不高。

Q₄：宁波博物院"东方神舟——宁波海上丝绸之路主题展"中有一块专属于天封塔的陈列区，您对于该模块的印象如何？在您看来是否有需要改进的部分？

A₄：我没有参与这一部分的展陈工作。我认为这一部分的空间体量不够大，展陈效果差强人意，无论是内容诠释还是展品呈现（展柜、灯光、展具等）都做得不够好。现在我们对天封塔的历史、建筑构造等都涉及非常少，只是放了一个银殿、一些出土佛像，对天封塔本身没有过多的设计，之后会在内容呈现、相关文物配合等方面做更为深入的阐释。展品呈现方面：第一，展品不够精美，好的展品不够多；第二，历史陈列面积比较小，现在基本层的改造已经提上日程了。我们初步的想法是：第一，扩大天封塔区域的空间体量，因为地宫出土文物本身的质量非常高，值得用更大空间展示这一批精品；第二，改造展柜，现在这批东西使用的是普通玻璃，不是专业的高性能展柜，物和物之间挨得非常近，恒温恒湿条件也不是很好。我们争取给每个物品都有一个相对独立的空间，也给观众相对大的范围以及合适的灯光来欣赏文物。

Q$_5$：您认为把天封塔地宫出土文物放在"海上丝绸之路主题展"中，是出于什么考虑呢？

A$_5$：这个展览是2008年做的，那时候我还没参加工作，后来开过的一次专家会我参加了。对天封塔与海丝关系的研究还比较少，我们现在提的主要有两点：第一个是佛教文化的交流。第二个是有一些专家认为天封塔曾经是宁波城内的航标，船只进入三江口之后，船员可能看到天封塔就相当于到宁波了，这个观点现在也有争论。其他方面还没有太多新的或者更深的研究。

Q$_6$：与天封塔相关的陈列区，除了开设扫码进行文物的语音讲解外，是否还会开设或者预期开设其他功能？在对天封塔相关文物进行数字化采集时，是否遇到过哪些困难或发生过其他有趣的事情？

A$_6$：文物数字化采集工作由我院典藏研究部负责，我没有参与。2021年，我们与腾讯"博物官"合作，选择了级别较高、有代表性、品相相对完整、在三维扫描操作过程中不会出现被破坏风险的文物，利用现有的文物三维扫描数据，制作了三维文物鉴赏。目前只制作了"南宋圆雕描金释迦牟尼玉坐像"这一件，未来会继续推出更多天封塔出土文物的三维鉴赏。

Q$_7$：您在报道中提到，"汇流——宁波建城1200年特展"最大的亮点当为天封塔地宫出土文物的集体亮相，库房内是否还有其他未展出的天封塔相关文物呢？为什么选择这些地宫文物进行展陈？为什么历次展出的天封塔地宫银殿都是复制品呢？

A$_7$："汇流——宁波建城1200年特展"是宁波博物院2021年度重点展

览。在前期资源调查阶段，我们整理了 30 个宁波城市考古中具有代表性的项目，并在其中挑选展品。但大量的标本碎片无法吸引普通观众，因此我们想通过遴选一批馆藏文物精品来提高展览可看性，其中就包括天封塔出土文物。最初是计划将库房内所有天封塔相关文物全部展出，但有部分文物保存状况一般，不适宜长期展出；也有部分文物重复性高（如耳环、经筒等），因此挑选了一部分展出。"天封塔地宫殿"原件藏于我院文物库房，因保存状况不佳而未能展出。猜测是这批文物出土时间较早，当时缺乏有效的保护手段，导致目前部分金属质文物保存状况较差。

Q₈："汇流"展览的最后有一串民谣，也包括"天封塔，十八格，宁家五子要做贼，啊啦五子勿做贼"，当时是如何搜集这些俚语的呢？是否考虑过将商人识宝定风珠、鲁班显灵天封塔等传说也放到展览里去呢？

A₈：我们找了一些老先生，还有发动了我们馆里的职工的家属，请他们回忆宁波民谣，录了他们第一反应想出来的民谣用，具体的出处还真没有考证过。做完这个展览之后，我们部门开会也有反思总结，原来我们打算做一个涉及宁波城市文化方方面面的展览，但最后因为时间的关系，这个展览最后又变成了一个非常传统的考古成果展。展出了考古现场图片，讲了文物本身的内容，做得还是太简单了，没有考虑到非遗的部分。这些传说故事我都听说过，我认为这些故事也已经成为天封塔文化内涵的重要组成部分。这些故事虽然有很大的虚构成分，但源于客观的历史存在，也能从中窥探出当时的社会面貌等信息。我觉得物质的、非物质的文化内容都可以在专题展里提出来，作为展览非常重要的补充。

Q₉：在"汇流"的展览册中，我们看到专家列表里有丁友甫先生和林士民先生，在策展的过程中，作为塔基和地宫发掘者的二位先生是如何发挥指导顾问作用的呢？

A₉：我们请二位专家来，一是了解当时的情况，二是找一些当时的照片。因为天封塔发掘的时间比较早，当时没有数码照片，可用的资料非常少。我们当初请丁老师来，是希望他能够提供一些第一手的资料，帮助观众理解展览。但是丁老师反馈说他当初用的都是胶卷，不太能找得到了，我们就请他对我们的文本进行把关。早期的很多项目都是林老师经手的，展览中每一个考古项目我们都分为这么几块表述：第一个是发掘的经过，第二个是发掘的成果，第三个是考古项目发掘的意义和对考古项目发掘的认识，我们请林老师来审阅文本，看看我们的文本尤其是在第三部分上有没有偏差。

Q10：您觉得考古成果展和建城展的本质区别在哪？在策展方面应该如何去区分？

A10：以前一提到考古成果展，我们会先告诉大家这是新发现的一个什么遗址，主要讲述的内容包括：发现的过程、基本的地层构造、各个地层的时代、发现的遗物、我们的认识。在策划"汇流"这个建城展之初，我们并不想做成这样，我们想从现在的地标开始讲起，反推这个地方在历史文献中曾经是什么地方、有什么作用，恰好我们在什么时候的发掘过程中印证了文献所述，淡化发掘的过程。我们在展览框架上做了古今对比，比如遗址对应的是现在的某个大厦，但是到了阐释每一个具体点的时候，还是变成了考古成果展的模式，对这个地方在历史上的作用和意义都涉及得比较少。我们做过鄞州考古成果展，会有观众反馈说看不懂，在"汇流"展览设计过程中，我们尽可能规避了观众可能看不懂的地方。第一，我们用了区域的地图，在地图上把点位标出来；第二，古今对照，对照过去和现在的地名；第三，我们在每一个点的文字介绍中，尽量少提地层、发掘过程等相关的内容，更加深入浅出、简单直接地抛出考古的定位、遗址的性质，在配图上，也尽量减少发掘现场的配图，尽量直接给观众还原结果。

Q11：您在策展的时候，有没有去请教过研究文史方面的老师？

A11：有。我们这次文本论证的时候，请了两位老师。但最后在呈现中体现得并不多（指研究文史方面的老师提出的观点）。这主要是因为关于考古成果的内容，他们可以涉及的角度不多；也因为很多问题做文献研究的专家和做考古发掘的专家,有很多冲突的、难以调和的看法,我夹在中间会很为难。毕竟又能做文献研究,又能做器物研究的人非常少。

Q₁₂:因为疫情,"汇流"展览经历了关闭和延期,游客和展览计划有没有受到影响?

A₁₂:游客真的非常少,我们原来展览计划是2022年3月份撤展,后来一直延续到4月初,但4月份宁波又疫情比较严重,所以我们观众量真的非常少。但我们的展览计划是每年提前排好了的,4月份延期也是和其他的项目稍微协调了一下。没有办法,只能展这么长时间,非常可惜。

Q₁₃:天封塔地宫出土的几件重要文物多年来一直放在常设展里,借调的次数屈指可数,原因是什么呢?有没有可能去在天封塔实地举办一个地宫出土文物的专题展览,让文物回归原生情境中呢?

A₁₃:这批文物在我们东方神舟展线上是非常重要的,如果拿走的话,对展览影响还挺大的,所以很少动这批东西。文物借调涉及文物的产权和各家文物单位关系等很多问题,需要多方协调,所以天封塔地宫出土文物一般很少被拿到馆外去。这一次特地拿出来办"汇流"展览后,短期内应该不会考虑再去进行专门的展览,暂时也没有举办地宫文物专题展的计划。

Q₁₄:宁波的东部新城、南部商业区等现在都发展得很快,您觉得像天封塔所在的老城区应该如何去跟上宁波城市的飞速发展,重振从前的繁荣呢?

A₁₄:我倒是希望宁波老城保持它该有的样子就可以了。宁波现在可以向外拓展的空间比较大,商业或者工业扩充到老城之外就可以了。因为我看到一些历史文化街区改造之后,就变得同质化极高,可能全国各地都一样。老城是老城,新城是新城,我个人认为不要交融在一起。鼓楼步行街就不是个好例子,明明是出于保护历史文化的考虑来规划的,现在却变成了小吃街、小商品一条街,对反映宁波城市历史的意义好像并不大,大家现在提起鼓楼,不会想到这是子城的南门，不会提起这是以前城市的地标，这是非常遗憾的事情。

Q₁₅：您对天封塔和此类具有地方代表性的文化遗产的价值如何看待呢？以天封塔为例，您认为未来宁波的城市考古、文化遗产保护和利用、博物馆展陈将朝着怎样的方向发展呢？

A₁₅：天封塔具有很高的历史价值，是我们认识城市历史的重要物证。文化遗产的事业不是几个专家想想办法或者博物馆办几个展览就可以进步的，还是要靠全社会的共同努力。有时候我们文博单位对考古研究、展陈传播已经花了很大力气，但老百姓并不感兴趣。我觉得第一可能是老百姓没有深入了解的动力，第二可能是我们的展示过于老土，不够吸引人，还需要做更多发掘。从博物馆展陈工作看，有时候民间文史爱好者掌握的资料比我们更多，我们做博物馆的更多从物、从考古材料出发，很多做文史研究的人第一反应可能就是非物质文化遗产的内容。博物馆在资料的搜集、展示的手段、宣传的空间上都有不足。我们希望能对这些重要的文化遗产有更深入的研究，为展览提供更丰厚的内容支撑；同时我们也希望能有更新、更适合的技术手段，为保护和展示不可移动文物提供帮助。

Q₁₆：您的硕士论文是关于博物馆与社交媒体融合发展研究，您在策展时是否考虑过制定社交媒体策略以便在运营过程中突出博物馆的机构特点？比如请自媒体来做一些推广。

A₁₆：我在此次展览中仅负责内容设计，宣传工作由我院宣教开放部负责，因此我没有过多考虑社交媒体传播策略等方面的工作。2020年疫情期间，我提出在我院微信公众号推出"每日一物"栏目，以图文形式介绍藏品精华，最终这一建议得到采纳。"汇流"展甫一亮相就遭遇疫情，被迫延期。闭馆期间我们重启了"每日一物"栏目，其中就展示了不少天封塔文物。2018年和2019年，我们曾请一些宁波的微博大V或者知名公众号的运营者来给我们做宣传。他们的切入角度倒是很有意思，但有的时候跟我们博物馆关注的点、宣传的角度、传播的目的都不太一样，所以后来合作就慢慢变少。他们主要能帮助我们推广展览，让大家知道博物馆最近有这么一个展览、有哪些东西可以来看。但是对我们展览主题的诠释、我们在展览中想表达的东西，他们是不是精准地、恰当地传递出去了，效果就得打一个问号。我举个典型的例子，我们有一年跟二十几家国内的博物馆合作办了个海上丝绸之路的水下考古瓷器展，其中有故宫藏的哥德马尔森号出水瓷器，所以我们请故宫的老师来布展。自媒体过来后非常关注故宫，问我们为什么挑选故宫的东西、请故宫的老师讲故宫的文物，他们的问题跟我们的水下考古和陶瓷考古展览完全没有关系，他们的宣传点和我们不在一个轨道上，我们也没法干涉他们，所以之后我们和自媒体的联系就比较少了。

第五章
春风化雨：高校教授

一、刘恒武

宁波大学人文与传媒学院教授

Q₁：您曾讲过，历史上的宁波是兼具了"文化中转"与"文化创生"的双重角色，请问可以进一步解释吗？

A₁：我的研究领域是区域考古学和海上丝绸之路史，而宁波是东亚海丝枢纽港。因此，宁波的文化遗产，大多具有超越地域的意义，我更关注的是宁波文物蕴含的东亚海域交流的历史信息。宁波作为一座城，孕育了浙东学术文化、藏书文化、越窑青瓷文化、石刻文化等等；作为一座港，则将带有浙东地域色彩的文化元素传播到了世界各地。就天封塔而言，它既是宁波城的地标，也是明州港的航标。

Q₂：从初到宁波至今，您对天封塔有无印象或特殊记忆呢？如果有印象，随着这些年宁波的城市发展，您对天封塔的印象有没有发生变化呢？

A₂：这十几年来，天封塔周边的环境改善甚多，例如，其西南的月湖盛园片区、其北侧的城隍庙片区都已焕然一新。

Q₃：在宁波建城 1200 年之际，宁波市自然资源和规划局邀请您讲述对宁波城市的理解和热爱时，您选择了天封塔作为能代表宁波悠久历史的建筑，在您的文章中也写道，天封塔起着领航灯塔的作用。在您的研究过程中，有没有发现记载天封塔在海上丝绸之路发挥重要作用的文物资料或文献史料呢？

A₃：1992 年发掘天封塔地宫之际，出土了一尊僧伽石造像，这印证了《延祐四明志》中天封塔是僧伽塔的说法。宋代舶上诸人参拜僧伽塔和僧伽造像，是为了祈求僧伽佑护航行旅途平安。相关具体研究可以参考徐苹芳论文《僧伽造像的发现和僧伽崇拜》（《文物》1996 年第 5 期）。

Q₄：在 B 站和抖音账号上，我们看到您发布了一系列"宁波古城的故事"短视频，带领国外友人登上了天封塔，您做这个系列的初衷是什么呢？若有朋友来参观宁波，您会推荐或带领朋友去天封塔观赏游玩吗？

A₄：这个系列小视频是宁波电视台策划的，是 2021 年纪念宁波子城建城1200周年的系列活动的一部分。系列小视频介绍了两横两纵合计4条宁波老街，天封塔与附近大沙泥街街名的来历有关，故而一同做了介绍。天封塔是宁波古城的重要地标之一，外地朋友来宁波，都应去参观。

Q_5：您在文章中提到，在宁波市区东门口码头，对地基均用松木桩进行了加固处理，与天封塔一致。这对区域环境和建筑技术的研究有什么结论性启示吗？

A_5：关于东门口码头的建造技术，我们在《东方博物》上曾发表文章论述过，但我个人在古代环境与地基建筑技术方面并无具体研究。

Q_6：您有听说过关于商人识宝定风珠、鲁班显灵天封塔或是老石匠斗恶鳖的传说故事吗？您怎么认识这些民间传说与客观史实的关系呢？

A_6：相关传说故事深受大众喜爱，故而能够长久流传，它们也是文化遗产之文化内涵的组成部分，文化可以有虚实，但历史则务必求真，所以必须明确，民间传说和历史事实是不同的两个概念。

Q_7：郡庙天封塔历史文化街区在2020年入选了第六批浙江省历史文化名镇名村街区，您觉得目前街区建设得如何呢？您认为未来宁波的城市考古、文化遗产保护和利用、博物馆展陈将朝着怎样的方向发展呢？

A_7：目前街区建设情况良好，有利于文物保护和可持续利用。城市考古和文化遗产保护旨在留住城市的历史记忆、充实城市的文化内涵，可以强化城市的空间质感、延长城市的时间维度。我认为，未来包括博物馆事业在内的相关工作应朝着数字化、智能化的方向发展。

二、项隆元

浙江大学艺术与考古学院教授

Q₁：请问您作为宁波人，对天封塔有没有什么特殊的印象呢？

A₁：从前因为高楼比较少，天封塔是很醒目的。印象里小时候我经常在原来的老社区边上玩耍，父母会叫小孩子不要靠得太近，因为受宁波台风影响，那时候天封塔还没经过大修，已经变成危塔了。

Q₂：您最初印象里的天封塔和现在有什么不一样吗？

A₂：大家现在看到的天封塔外面有塔檐、边上有平座，登上塔去之后还可以走出来观光，这些其实都是后来修的。从前只有里面的塔心，外面的那些都没有，相当于一个裸塔。

Q₃：请问您什么时候开始对天封塔有专业上的认识呢？

A₃：我在老杭州大学上学的时候有一门课叫文物学概论，给我们上课的老师是浙江省文物考古研究所的所长王士伦先生。文物考古所关注的有两大块内容，一块地下，一块地上，他当时主要负责的是地上部分。省里面地上文物的主要研究者、保护者就是王老师，比如延安路上的龙兴寺经幢、杭州白塔。他也修复了好多古建筑，像湖州的飞英塔等。每过几年，王老师还会组织办一次"文物古建筑保护培训班"，培养出一大批学生。所以他在文物学概论课上有提到浙江的一些塔状建筑，尽管这些建筑留存的时间比不上中原地区，但数量还是不少的，对浙江地方历史研究也极有意义，那时候就提到了天封塔。

Q₄：那您在工作、研究中有涉及天封塔吗？在教学过程中偏向于从什么角度讲解天封塔呢？

A₄：因为天封塔也是宋塔的典型，所以我在学习、工作时也时常会提到，主要是偏重专业，从建筑的角度讲。去年我担任文博系18级本科生班班主任，毕业实习的时候我就带他们去了天封塔，但没有登上去，就是在塔下面讲解了一下。比如关于建塔时间，天封塔的建造时间和杭州的六和塔其实挺相近的，六和塔应该是在北宋建造的，在南宋初年绍兴年间大修成现在的样子。

天封塔建造时间是唐武则天年间，南宋绍兴十四年（1144）重建。唐塔和宋塔不一样，唐塔基本上都是四边形的；从天封塔的结构来看，可以判断是宋塔，结合一些文献的记载，也可以确定它是南宋初年的形制。

Q₅：目前来看，天封塔相对古城墙等其他文化遗产来说受到的关注比较少，无论在我们的学习还是游客目的地中都处于相对弱势地位，您觉得是出于什么原因呢？

A₅：如果是城墙的话，至少是一条线，甚至会连成面，和人们生活的关系可能更密切一些。但塔就只是一个点，早期还会和寺院结合在一起，但现在这寺院也早就没有了。所以可能只有生活在周边的人会关注它一些。

第六章

各抒己见：文史研究者

一、李本侹

宁波市鄞州区文物保护管理中心
文保员

发表文章《天封塔之谜》

Q₁：120集大型电视专题片《千年海曙》，从人文史实入手，全景式地整理出海曙文化的精髓所在，您在第一辑《一城流芳》中留下了《天封塔之谜》篇章，当时您为何会想到去做天封塔的文史研究呢？专题片的拍摄过程中发生了哪些让您印象深刻的事情呢？这一系列专题片播出后得到的反响如何呢？

A₁：《千年海曙》是一个电视片，一开始有一个大纲，以一集讲述一个内容为标准，请各个老师来选择所要讲的内容，水银老师把我们请去，说还有几个剩下的选题，看我可不可以选，或者我也可以自己提出其他的选题要求。当时不知道为什么天封塔没有人选，我觉得天封塔可以作为《千年海曙》系列电视片中一个非常重要的代表性建筑，所以选了天封塔。在准备资料稿的同时，我又系统地学习了一次天封塔的相关知识，可以说这既是一次讲述，也是一个学习和研究的过程。起初，我的想法是讲述天封塔的前世今生，但是随着研究的深入，我发现天封塔和其他的古建筑不同，它有很多谜团，有些可以通过研究解开，有些到现在还存疑，我就索性以《天封塔之谜》为题，为大家梳理我所知道的线索，由大家共同揭开天封塔之谜。应该说《千年海曙》系列电视片做得特别好，后来经常在各种场合、平台上循环播放，影响力远超我的预料。因为很多年轻人都是新宁波人，这样的电视片，对他们了解宁波历史的帮助很大，对我而言，在此之后我也没有停止对天封塔资料的收集和研究，又有了一些新的发现。

Q₂：您认为"天封塔是海上丝绸之路航标"这一说法不成立，但现如今很多民间传言甚至官方介绍都认为天封塔是灯塔、航标，"建塔以镇一方平安"的说法被淡化。宁波"海上丝绸之路"申报世界文化遗产办公室确实在《宁波与海上丝绸之路》中将天封塔列入丝绸之路申遗点，宁波博物院也将天封塔地宫出土文物安排在海上丝绸之路板块。您认为天封塔与海上丝绸之路有什么关联呢？

A₂：既然我们提到了观点，不妨把这事情的来龙去脉讲得详细一点。"天封塔是海上丝绸之路的航标"这个说法最早出现在一本宁波市文广局编纂的书里。天封塔被选入了宁波市申报世界文化遗产海上丝绸之路遗产点，我认为选进去是非常对的，要肯定天封塔在历史上一直是宁波城市的象征。但是这一申遗事件被有些专家误读了，他们因此把天封塔认为成了海上丝绸之路的航标。天封塔是海上丝绸之路的航标这种观点一直以讹传讹，直到现在。我个人对这个观点持否定态度，我也可以在这里重申一下我的理由：

第一，我们宁波海上丝绸之路的概念始于唐末，因为朝鲜半岛、山东半岛那边的航路不通，所以中日的交往只能到我们江南这一带寻找航路，但是天封塔在武则天时代就建立了，所以时间上是错位的。

第二，海上丝绸之路确实有航标，象山的大佛头岩和慈溪的龙山被公认为是海上丝绸之路的航标。在宁波地图上，船要从海洋进入到宁波，唯一的通道是镇海口，首先看到的应该是招宝山或者五磊山。宁波城市离甬江口有10多千米，也就是离镇海老城区有10多千米。地球是圆的，天封塔再高，经过这么远的距离，还有重山相隔，要从海上看到它是不现实的。

第三，有的塔确实可以起到航标的作用，但是这种塔的建筑位置很特殊，都是建在江边或者海边的，但是天封塔相对来讲建在城内，功用和堪舆学有重要的关系。

所以综上所述，我认为天封塔是海上丝绸之路的航标这种观点是有问题的。当然我也欢迎大家来和我争论，不同的意见会越争论越清晰。

我们现在可以说出很多宁波城市的地标，比如河姆渡、天一广场、北仑港等，但是在建城1000多年的时间里，还能数出几个能延续下来的地标？鼓楼和城墙每座城市都有，灵桥也是1936年之后大修的。恰恰是天封塔，在老建筑最多也就三层的时候，它已经达到了相当于七层楼的高度，这对于砖木结构的建筑来讲非常了不起，地宫出土的文物可以称得上是宁波级别最高的一批文物了。可惜的是，尽管天封塔在建筑高度、出土文物方面有突出的价值，但现在的塔体已经经过多次大修，原真性下降了，所以它只被评为市级文物保护单位，级别与其价值是相匹配的。

Q₃：对于商人识宝定风珠、鲁班显灵天封塔、老石匠斗恶鳖等民俗故事，

大沙泥街、小沙泥街的传说，您怎么看待这些非物质文化遗产与客观历史事件之间的关系？

A₃：民间故事肯定不是无中生有地编造的，肯定是有一些原因在里面。史料已经说了，天封塔塔顶上确实有宝珠存在，后来人们添油加醋地将其演化成一个传说故事。大家都知道鲁班是一个伟大的建筑家，用我们现在的眼光来看，天封塔已经没落在城市的高楼大厦中了，但是在当时能建起天封塔是很了不起的，甚至能和鲁班连在一起讲故事，一定是有根有源的，也让人喜闻乐见。故事中说，建造天封塔时要垒沙筑塔，建完以后把沙全部移走，就变成了大沙泥街和小沙泥街，我觉得这个故事值得我们去研究一下，因为后来挖自来水管道的时候，在大沙泥街和小沙泥街下面都能找到沙子的痕迹，这说明故事的可信度是比较高的。

我们今天看到的天封塔是依据宋塔的形制修复的，如果照宋塔的样子去铺沙子，数量之大是没办法想象的，但是如果唐代的天封塔比较低，我们用堆沙的方法造塔就有一定的合理性。我还从天封塔的位置考证过建造天封塔的材料从哪里来，从地图上可以看到大沙泥街过去是一条天封塔通往江边的道路，运输非常方便，是具有可行性的。

Q₄：目前主流观点认为天封塔始建于唐武则天"天册万岁"至"万岁登封"（695—696）年间，因建塔年号始末"天""封"而得名，而近现代的地方文献记载和文史学家著作中都有不同的看法，您在撰写《天封塔之谜》一文时是如何去搜集这些资料的呢？又为何采取"悬置"态度，而不轻易采纳主流观点呢？

A₄：第一，我在文章里已经提到，清代史学家对天封塔的建造年代各有看法，有的认为"天封"两个字不是由年号来的，而是语言学上的一种叫法。但我也不确定本源到底是什么样子，只能都列举出来，让大家辨别，相信大家看完会有自己的观点。

第二，在结束《千年海曙》系列电视片的演讲之后，我又找到了一个新的依据。我想明代的人会比我们看到的史料更多，明代有一篇碑记写道：天封塔建于"万岁通天"和"万岁登封"年间，和现在流行说法已经有差别了，我觉得当时的资料会比我们更多、更准确一点。

Q₅：您讲到"今天天封塔下的《勒石永禁碑》等三块石碑就是原来鲁班殿的遗物"，天封塔下的石碑大多已经遭受了严重的石质文物病害，您还了解哪些有关石碑的信息呢？

A₅：先讲一下拓印石碑的行业行规，一般只有在野外的、面临毁灭风险的，或者马上被人买去的碑我才会拓，文物部门收藏的碑是不允许随便拓印的。天封塔的碑分成两部分，第一部分在塔的南侧，鲁班殿拆掉后建了马路，这三块才在此保留下来的；第二部分在北侧有一排，有一段时间很多地方拆迁，石碑没地方放，就全部挪过来收藏在这里。这些碑和天封塔本身是没有关系的，所以我没有刻意做研究。石质文物病害的问题无独有偶，很多城市里更珍贵的碑可能还摆放在露天碑林等地，风吹日晒、雨水浸入对碑的损害也很大。当然我们不是一定要给每块碑都建立个保护屏障，开发科学的保护剂应该是石碑保护的发展方向，但现在似乎没有什么很好的先例。

Q₆：元大修天封塔发现的灵药、清大修天封塔发现的石匣都没有作为传世品流传下来，那这两样东西对天封塔的功用、宗教的构成等研究有什么启示意义吗？

A₆：我在准备写这篇讲稿的时候，特意关注了石匣，非常想找到它的出处。但我感觉很奇怪，石匣一开始确实是存在的，后来在大修过程中也发现了石匣，我们却到现在都没有发现它到底在哪里，不知道是被毁灭了还是被谁收藏了。在这之后我发现过一篇碑记，碑记上写道，天封塔遭到雷劈而毁，石匣放在塔的最高层，很可能在那时也一同被毁了。

Q₇：清朝中期，李步青与郑奕凤在天封塔顶层围棋决战、一战十天故事来源为何呢？如今的塔身下大上小，顶层难以容身，更不必说观众前来看棋，请问您认为这一故事的真实性如何？

A₇：这个故事来源是一个清代人的笔记，我收集资料的时候觉得这个故事发生的可能性是比较大的，因为记载了真名实姓。但是决赛到底在天封塔上面，还是在天封寺院的里面，这个还是存疑的。正如你所讲的，塔上的空间非常小，他到底是故意在狭小的空间里对弈，还是在天封寺里面，塔只是一个代称？这件事情的具体场地问题，可能是天封塔留给我们的一个谜团了。

Q₈：日军开始轰炸宁波后，天一阁藏书被转运到龙泉躲避战乱可考；而日寇到天一阁找不到书籍后，奔向天封塔找宝一事是真实存在的吗？塔基、地宫的考古报告和如今的地宫都未曾见过塔井的痕迹，那么意大利籍的神父伊菲理是在什么文章里如何描述了塔井呢？

A₈：这是我从老的新闻报道里获取的信息，新闻中提到的一点是可信的，就是记者找到一个人，这个人曾经住在天封塔旁边或者天封塔的院子里，他爸爸到天封塔的水井里面取过水，我觉得记者采访应该是真实的。但是意大利神父的文章我没找到，不是很清楚他对天封塔塔井的描述。我对这个事情也心存怀疑，我们想象一下，天封塔的下面如果是水井，那少说也得有直径30厘米的空腔，人踩到第一层地板上肯定会有空洞，一旦踩出不同的声音，地宫肯定直接就被发现了，所以我个人认为天封塔第一层的地板应该是实心的，这才有了1982年勘探发现地宫。但我们现在也没办法找到当事人，无从得知塔井从何而来，这就是历史留给我们的又一个谜了。

Q₉：您认为该如何分辨、考证这些来源各异、虚虚实实的记载呢？

A₉：我们要想揭开天封塔之谜，就要去寻找考古资料，但考古资料的记载和历史文献的记载是有偏差的。比如我刚才已经讲到天封塔的碑记，上面明确提到明代的时候，天封塔遭雷劈毁掉了，但是考古报告中说天封塔的顶层没有变过。历史不能重来，考古也就这一次。包括天封塔的塔砖，天一阁收藏了天封塔的塔砖、拓片、经折，考古单位也收集了，材料不在一起，再加上多年的流失和损毁，塔上有多少块砖、每块砖上是什么内容，我们都没办法直接获取最真实、最一手的资料，只能从多个侧面去积累材料、对比分析。

Q_{10}：1957年对天封塔的大修"用水泥将塔顶封牢、给塔身加装上六道钢箍、转角处都用水泥加以填封、全部采用钢筋混凝土栏杆、第一次装上了避雷针……给天封塔穿上了'西装'"，您认为此次大修给天封塔带来了怎样的影响呢？在古建筑修复史上有什么启示作用呢？您了解过20世纪中期所大修的其他古建筑的情况吗？

A_{10}：所有的文物保护都是要建立在时代大背景之下，这一做法的决策者可能是文物专家也可能是上级领导，又或许是在文物专家要求保护的情况下，施工的过程中违规操作、保护不当。可能从我们现在的角度来讲，这是一次破坏性的大修，加速了天封塔的倾斜和损毁，导致不得不再一次对它进行大修。但是1957年的时候预测不到后来的情况，如果把我们也放回1957年的情境中，或许我们也会作出同样的决定，这些大修要放在历史背景下考虑。我觉得用客观理性的眼光看，1957年这样的大修是一种历史的局限和必然。

Q_{11}：1984年天封塔落架大修前，塔顶部分相轮、刹杆、仰月、宝珠等都已经缺失，但在关于地塔的记载中仍有"纺丝巷为塔之相轮，左右金绳交锁处为塔之合实"等说法，您有做过关于周边街巷所组成的地塔的研究吗？

A_{11}：我已经在报纸上见过两篇文章介绍地塔的形状、范围和具体的点了。但是我个人觉得地塔和天封塔没有关系。地塔范围很大，但天封塔在地塔的范围之外，有直接关联的可能性不大，如果天封塔在地塔的塔尖，我都会重新考虑这个问题，我觉得地塔和天封塔里面的碑差不多，本身的内涵和天封塔不一定有直接的关系，可能是出于机缘巧合才放在一起来说的。

Q_{12}：如今塔刹连同《勒石永禁碑》被置于开放的宁波市天封公园南侧，却没有说明文字，更鲜有人细看上面的刻字。您认为应该如何更好地解释、宣传这部分文化内容，让更多的人欣赏、感知、理解天封塔在历史长河和空间结构中的全貌呢？

A_{12}：天封塔有很多可圈可点之处，塔刹也是其中之一。它上面有好几段铭文，最下面的覆钵上有一段文字直接记载了塔刹的铸造年代和情况。但是我到现在为止，好像没有在任何文章或者书籍中看人提到过这段文字，我自己就去稍做了些解读和研究。现在天封塔是比较小的景点，人流量相对少，景区内对塔的介绍也非常少，但是我们可以通过经常性的讲解和普及来增加市民对天封塔的了解。包括我在《千年海曙》讲天封塔，包括你们能选择天封塔作为课题，我觉得都是能提高天封塔知名度的。

Q₁₃：在古人的诗句中，天封塔"拾级登危塔，天高手可攀""举目仰瞻银汉近，荡胸平见白云浮""天地苍茫渤海浮，潮声百里接城头"。而今天封塔已经被崛起的高楼大厦埋没，不再是最高的建筑，登塔也不再能走到外围更别说眺望东海。您自己这些年有什么特殊的登塔体验吗？不同时期登塔的体验有哪些不同呢？

A₁₃：在历史上，天封塔确实是宁波最高的一个建筑，这是不容置疑的，我自己收藏过几张宁波老照片，从很远的地方拍过去，天封塔是很明显的，对于当时的人来讲，能登上这么高的天封塔，肯定得发挥一下诗人的浪漫情怀写点夸张的诗。我小时候登过天封塔，那时天封塔还没有落架大修，我舅舅带我去过两次。第一次去的时候我还小，走上去以后感觉整个城市都是在我的脚下，远山都可以看得到，感觉天封塔真的很高。第二次去的时候我大概上一年级，那时塔身的倾斜度已经很大了，我心里老是想，我上去之后塔万一倒了怎么办？倒了我是不是就被压在里面了？我是不是该趁塔还没倒迅速跑下去？但毕竟是大人难得带我出来玩，我很兴奋，还是登上了塔顶。天封塔大修竣工后重新开放，这在当时是个大新闻，一下子非常轰动，很多人来登新修过后的塔。古建筑承载着许多值得探究的信息，我从事文物工作后又去登过很多次塔。直到现在，只要有机会到任何一处文物点，我都会重新去看，每次会有新的感悟、新的发现。现在的天封塔当然如你所说，人们再上去不会有古人或者我们登塔的感受了。我觉得这和城市规划有很重要的关系，比如我们站在北京天坛中间，视野所及是没有高楼大厦的。我们现在去月湖看，周围也是高楼；从天一阁前面的花园看，好像还不能看到高楼大厦，但视角稍微一偏，楼体又出来了。这是城市规划上出现了问题，历史街区应该是整片划分的,只保护单体文物的地方不能称其为历史街区。每次登天封塔,我都会联想到湖州的飞英塔,它们都是南宋的塔,都是20世纪80年代又大修的,但飞英塔现在是全国重点文物保护单位,它的里面是宋塔,外面有一圈现代化的塔把古塔包在里面,人们走到围栏内外,就可以看到两种风貌,但我们的天封塔还缺点内容。不过我觉得历史已经如此,也没有什么办法,无论周围如何去建设,天封塔都是城市遗留给我们的古迹,承载着我们的文化记忆。哪怕我们现在已经不需要通过登天封塔来完成望远的愿望,但这种古老的信息交流方式依然存在,我们去登天封塔,更多地应该抱有和历史对话的心态,而非把现代社会的产物置于高处,轻视我们的前辈遗留下来的丰厚宝藏。

Q14:我们曾去天封社区采集口述史,但多数居民对天封塔呈漠视态度,您如何看待历史街区的原住居民对历史文化的这种态度呢?

A14:我认为并非一直住在历史街区的人才叫原住居民,这个概念不是由居住时间长短来决定的,而是由受此地历史文化影响所形成的习惯性生活方式决定的。比如说我小时候,夏天经常拿个席子铺在鼓楼下面睡觉,在周围的小巷子里玩耍,在这里经历生活中的一切衣食住行,这才是原住居民最真实、最传统的生活状态,所以真正拥有某个地区生活记忆和情感的人才能称其为原住居民。

Q15:宁波博物院"东方神舟——宁波海上丝绸之路主题展"中有一块专属于天封塔的陈列区,2021年末开展的"汇流——宁波建城1200周年"也展出了天封塔地宫出土的文物,您是否去看过呢?出土的140余件文物中不乏承载重要历史信息和文化意义的精品,而每次展出的文物固定且数量有限,您认为应当如何让收藏在博物馆里的文物重新进入公众的视野,重新活起来呢?

A15:我看这个展览非常方便,因为我的工作地点就在博物院4楼。博物院新展开幕的第一天会有很多人,所以我喜欢第二天去看;我们中午吃完饭后是两点上班，我不爱睡午觉，中午的游客也比较少，我喜欢这种不被人打扰的时候，可以根据自己的需求慢慢地看展。"汇流"这个展览我看了很多次，对天封塔看得格外仔细，因为很多东西是第一次拿出来展览，我也是第一次看到，我把跟天封塔相关的文物全部拍下来了，以后做研究可能会用到。

我自己也在博物院工作过5年时间，我很知道博物院如何对待观众、观众需求是什么，以及我们如何把握观众的需求。我觉得我们的博物院收藏研究、公共服务方面的功能都很欠缺，缺乏开放的心态。博物院的文物收藏量很大，展示空间却很小，像是天封塔地宫出土的文物，我们只有通过这一个展览才能看到一部分，还有很多考古发现我们可能也需要等到若干年后才能在展览中窥见一二。我认为加强研究和信息公开都很重要：有一个台湾的博物馆的馆长介绍过，他们一个馆里研究人员就有六十几个，展览全是这六十几个人合力办出来的，但目前我们的博物院是有差距的；还有，假如你现在要做学术研究，问博物馆要某件文物的照片，只要不出于商业目的，这件事是不侵权的，对博物馆也没什么损失，但大多数人没有意识，也没有渠道联系到博物馆相关部门，而且可能很少有博物馆会予以接待。所以让文物活起来是双向的，博物馆和公众都需要做出努力。

附文：

天封塔之谜

主讲人：李本侹

天封塔为何而建？

塔，是佛教特有的建筑物，它原是佛教发源地印度专门用于埋葬高僧大德骨骸的佛教建筑，称为窣堵波（Stupa），这是梵文，翻译过来就是坟冢的意思。随着佛教的东传，印度的窣堵波与中国的传统建筑相结合，就形成了我们今天所看到的塔。俗话说，有塔必有寺。天封塔下原来也有寺院，叫天封塔院，也叫天封讲寺。

天封塔是不是原来属于寺院的一部分，后来寺院没了，就剩下塔了呢？史料记载，天封塔院建于五代后汉的乾祐五年（952），而天封塔建于唐代，可见天封塔的始建，和寺院没什么关系。那么天封塔为何而建呢？现在有一种说法，把天封塔说成是海上丝绸之路的航标。我们都知道，航标是用来给船只指明航向的，国内作为航标的塔也有，但有一个共同的特色，就是离岸线不远，至少可以让船只看到，这才能具备航标的功能。宁波虽然是海边城市，但实际上离海还有一定的距离，海上的船要开到宁波，只要找到甬江口，就能一直沿着甬江到达宁波的三江口。但在海上，离得这么远，还有山体阻隔，能看到天封塔吗？到了三江口，当时江边就是码头，还有城墙，大大地写着城市的名字，还有必要有航标吗？有人说了，最早的明州治在鄞江镇，是导向那里的，但大家可以看一下天封塔在城市中的位置，要是用来导航，有必要建在离江岸这么远吗？显然，这个观点是不成立的。

另外有一种传说，称大禹治水后，巡视天下，还准备坐船去海上视察一下，但因为他走到今天的绍兴境内就死了，所以当时停在岸边的大船就没有用上。后来泥沙淤积了古海口，宁波的旧城上尖下圆，这就是当年的那条船。为何这条船没能开走呢，堪舆家（风水师）认为，因为有船而没有桅杆。宁波这条船上，只要建起了天封塔，来充当船的桅杆，这座城市就会发展起来。

还有一种传说，说东海有鱼精为乱，四明山上有一位老石匠，在山上找到了一颗红宝石，用宝石发出的红光射死了鱼精，为了防止鱼精再来，就建塔，把宝石放在塔顶上，以镇一方平安。

上面二则显然都是传说，不可信。其实，至今仍没有足够的证据来表明天封塔为何而建，但有一点值得大家注意，即天封塔一直以来被视为宁波城市的镇郡之塔。在历史上，天封塔曾多次损毁，但每次损毁后都能及时修复，而且我们可以看到，天封塔的大修，地方最高长官都直接参与其中，这是与其他古建筑所不同的。

建塔以镇一方平安，或许这就是天封塔最初的修筑原因。

天封塔建于何年？

如果拿这个问题去问很多老宁波，他们肯定会告诉你，你知道为何叫天封塔吗？因为它建于唐代天册万岁到万岁登封年间，取两个年号中头尾各一字，所以叫天封塔。

天册万岁、万岁登封和万岁通天都是唐代武则天的年号，天册万岁二年（696）一月十一日，73岁的武则天到中岳嵩山封禅，并改元为万岁登封。这个年号仅仅用了三个月后，四月二十二日，盛唐时期最为著名的建筑明堂大修完工。武则天就又改号为万岁通天。这个年号用了一年多，又改成了神功。

天封塔建于天册万岁和万岁登封年间，这个说法在方志中记载最多（如民国《鄞县通志》），也是现在最为常见的一个说法。

清代著名史学家全祖望对这个说法提出了质疑，《鲒埼亭集》的《湖语》写道"乃若天封之塔，浮图家之建筑，亦稍参以揆日测景之宜，命名之旨，佛经载之，其附会于梁唐之纪年者，妄也"。他指出，"天封"两字，并不是专指造塔年份。清末民国时的文人杨霁园对此表示认同，并说既然天封塔用年号来取名，为何晚的一个年号（万岁通天）在前面，早的一个年号（万岁登封）却在后面呢，应该叫封天塔才对。他认为天封的名字和天台应该是一样的，表明高而已。

关于天封塔的始建年代，还有两种说法。一是在明代嘉靖年间，天封塔在一次大修后，请曾任兵部尚书的张时彻写了一篇碑记，此文中写到天封塔建于南朝梁天监年间（502—519），完工于唐乾封年间（666—668）。这个观点唯独他提到，如果按他的这个说法，天封塔整个工期长约160年，清代时，就有人提出，这是不可能的。

还有一种说法是在1962年《宁波大众》发表的一篇文章中提出的，该文中说天封塔的始建年代找到了，据《吴越备史》记载："贞明二年，冬十二月，王命恩州防御使弟铧，率官吏僧众，诣明州阿育王寺，迎释迦舍利塔归于城南以致之。……浮图凡九层，八面，高三百七十尺，中外皆通旋绕，其制度形势，皆出王之心匠焉。"这就是说五代十国时的贞明二年（916）冬，吴越国王钱镠派他的弟弟到宁波的阿育王寺迎取舍利，并在城市的南侧建塔，而且塔还是钱镠亲自设计的。这看起来和宁波的天封塔位置、样子都有几分相似，因此，这一观点很快被人所认同，后来在1981年，当时的《宁波报》还发表了一篇《阿育王寺和天封塔》的文章。

关于这件事，《阿育王寺志》《佛祖统纪卷》中都有记载。《佛祖统纪卷》记载"船泊西陵，塔夜放光浙江如昼，王躬迎至罗汉寺。广陈供养"。《阿育王寺志》中则记载"梁末帝贞明二年，钱武肃王遣弟铧等，迎宝塔至武林"。沈括的《梦溪笔谈》中也提到过这件事。可见，1962年时，在《宁波大众》上发表那篇文章的作者只看到前半段，而错把杭州的梵天寺内塔当成了天封塔。

天封塔到底始建于何年，还留待后人去进一步考证。但有一点可以认同的，就是天封塔始建于唐代。民国时，宁波分为若干个镇，天封塔周边的区域因为天封塔而称为唐塔镇。

天封塔如何建成？

方志中称，天封塔高一十八丈，按此计算，天封塔高度应该在54米左右，相当于现在的18层楼高。在古代没有现在常见的吊机等机械设备的情况下，天封塔是如何建起来的呢？

在宁波人的口中，天封塔的建造被赋予了传奇色彩。相传当年准备造天封塔时，所有人都被这么高的建筑构想难倒了，出于无奈，只能请来木匠鼻祖鲁班师傅。宁波这个城市正好位于姚江、甬江、奉化江的交汇口，这三条江都与大海相通，每天两次的潮汐变化，江水夹杂着大量泥沙溯流而上，把江岸冲刷得蜿蜒曲折，日久天长，江水中的泥沙就在江岸的背水面淤积下来，形成了沿江众多大小不一的泥沙滩。鲁班师傅看到这里泥沙资源十分丰富，就想到了堆沙造塔的好办法。在建造前，他先让工人们用袋子到沿江沙洲上装满泥沙，做成一个个沙包，然后直接在沙洲上船，沿江运到离天封塔最近的岸边来。

自奉化江江岸到天封塔有两条街巷，是天封塔通往江边的最短捷径，那就是今天的大沙泥街和小沙泥街。这两条街巷都始自天封塔下，另一头则延伸到临江的灵桥路上。今天的灵桥路是在原来城墙的基础上兴建的，但在兴建天封塔时，明州州治还没有搬到现在的三江口来，更何况是始建于唐末的城墙。沙包上岸后就直接集中在这两条通往天封塔的街巷两侧，随时可以源源不断地提供到天封塔建筑工地上去。

建造天封塔时，每造好一层，就用沙包绕着塔体铺上一圈，并用木板在沙包和塔墙上架起工作平台，方便施工。随着塔的逐渐增高，外围的沙包也随之加高。并且在沙包周边堆出"之"字形的斜坡道，供施工人员上下和搬运建筑材料。待到塔造到最顶部后，再将沙包从上到下运下来，当沙包全部搬完后，一座高耸入云的天封塔也就展现在世人面前了。而造塔后的大量泥沙，正好就用来铺大沙泥街和小沙泥街，这两条街巷也因此而得名。

虽说是传说，但巧的是，直至今天，每次为铺设地下管道等原因挖开大沙泥街和小沙泥街后，还能看到地层中有一层非常厚，而且颜色有别于其他土层的泥沙层。而且就在天封塔下的西南侧，原来还有一座颇具规模的鲁班殿，殿前还有戏台。此殿直到1998年才因拓宽大沙泥街而拆除。今天天封塔下的《勒石永禁碑》等三块石碑就是原来鲁班殿的遗物。

传说故事在很多情况下，都是在对真实事件加以演绎后所流传下来的，虽然我们并不相信天封塔是由鲁班所造，但或许这个传说故事中我们能相信的是，天封塔最初正是运用了堆沙建塔的办法而建起来的。

曾经的镇塔宝丹从何而来，又去了哪里？

清雍正九年（1731），天封塔迎来了清朝时的第二次大修。在大修之前，僧人们在天封塔下为修塔做法事。就在法事举行到最后一天的清晨时，突然，塔顶发出祥光一道，直射上天。在场的官员、僧众都惊呆了。第二天，在拆除天封塔时，在塔顶上发现了一个石匣。这个石匣上刻着"镇塔宝丹石匣"，里面盛放着一颗灵丹。众人都相信，那天清晨的祥光就是这颗灵丹所发出的。

这颗灵丹什么时候放在那里的，又从何而来呢？那就让时间再倒退到南宋建炎年间（1127—1130）。当时宁波有一人名叫范铨，乐善好施，为人称道。有一天，范铨在街上遇到了一个不同寻常之人，这人给了他一粒灵药，并对他说："服之可以济一身，留之可为一家镇。"范铨听后，认为如果自己服了，虽然可以一生平安，但不能保全家的平安；如果留在家中，虽可保全家人，但不能保全郡百姓平安。他认为个人和全家的平安事小，希望这颗灵药能保全郡人平安。于是，他将这粒灵药放在天封塔顶上，来保佑一方平安。

过了200年，元天顺元年（1328）大修天封塔时，在塔顶层还真找到了一包灵药。当时主持大修的妙寿特意做了一个石匣子，定名为"镇塔宝丹石匣"，并为此写了《镇天封塔宝丹藏贮石匣原记》。因为宁波是著名的港口城市，天封塔东北方的三江口沿江一带是码头最为集中的区域，因此他就把这石匣放在了塔顶的东北方向，面对三江口，以保一方平安。

清雍正年间放光的灵药，就是范铨所放，妙寿加装石匣，放在塔顶东北方向的灵丹。有感于范铨的善心以及灵丹的神力，清雍正年大修天封塔后，又将这个石匣放回了原处，这也是灵丹和石匣的最后一次现世记载。1957年大修时，虽然在塔顶的东、南、西、北四个角发现了四个匣，但都是锡匣，没见有发现石匣的记载。而这四个锡匣，从其铭文和盒内文物来看，两个锡匣是建塔时就有的，另两个是乾隆年间大修时放进去的，而且据有关资料，锡匣内也没发现宝丹。1987年拆除天封塔的相关报道和考古报告中，也没有发现关于这个石匣的记载。镇塔宝丹和石匣都去哪里了？是乾隆年间大修时丢了吗？这给我们留下了关于天封塔的又一个谜团。

天封塔为何在围棋界颇具名声？

提到中国围棋史，就不能不说天封塔。那是因为在天封塔里曾上演过一场著名的巅峰对决。

古人认为，琴、棋、书、画是作为一个文人必须要掌握的修身技能，其中的"棋"指的就是围棋。清朝中期，有一个宁波人叫郑奕凤（郑起凤），他自小对四书五经不感兴趣，棋艺却甚是了得，在当时的宁波无人能敌，郑奕凤的名气在文人学子们的口中越传越广。当时京城也有一名棋手叫李步青，年轻时曾两次与有棋圣之称的范西屏打成平手，因此名噪天下，被成亲王永瑆招至府中教授下棋。李步青居京城十余年来棋艺威震京城，未曾遇到一个能与其匹敌的对手。一次，他从入京赶考的宁波学子口中得知，宁波有一个棋手也是棋无敌手，并击败过当世的几位国手。此时的李步青虽已是晚年，行动不便，京城至宁波又路途遥远，但他还是执意南下，要与郑奕凤一决高下。

李步青还没到宁波，他要与郑奕凤进行"巅峰对决"的消息就已传遍宁波的各个角落，宁波民众也都想来看看这场高手决战，而这也是他们两人最为担心的，常言道"观棋不语真君子"，但谁能保证看客不会一时激动说几句呢？为此，他们特意选择了在天封塔的最高层来进行对决。这倒不是因为天封塔是宁波城内最高的建筑才符合"巅峰对决"的要求，而是因为天封塔顶层空间小，既满足了有适量的观众来见证他们的决战，又不至于因观众太多，影响到他们对决。李步青和郑奕凤对决的第一天，两人都带了衣被和干粮登上天封塔。决战开始后，宁波城内万人空巷，天封塔的楼道里挤满了人，塔外更是围了里三层外三层。开始的几天里，两人下得比较快，观众也换了一波又一波，热情高涨。后来，两人越下越慢，有时一天就下一个子，观众也越来越少了。一连下了整整十天，最后以平手宣告结束。由于棋逢对手，双方一连十天都处在十分紧张的状态下，此战后，两人为此也都大病一场。天封塔上的这场高手对决，堪称棋史上罕见的一场鏖战，不仅在当时传为美谈，而且这一故事至今仍在围棋界中流传。

天封塔的水井去了哪里？

抗日战争期间，日寇在中国除了军事上的侵略外，还有计划、长时期、大规模地进行经济和文化侵略。他们随军都配有专门的文化助理，每到一地，都要进入大专院校图书馆、重要古迹点搜寻中华文化瑰宝，进行文化掠夺。

1941年4月19日，日寇在镇海登陆，次日，宁波沦陷，至1945年9月9日，宁波被占领的4年时间里，日军在宁波无恶不作。觊觎中国典籍文物已久的日寇占领宁波后，立即派出一个中队的兵力冲进天一阁，准备实施抢劫。在日军占领南京、杭州时，常有古籍被抢的消息传来，为防止日寇抢掠，天一阁藏书已于1939年转移至浙江龙泉秘密隐藏。日寇到天一阁找不到书籍，就奔向了天封塔找宝。日寇知道中国的塔在建造前，都会建有地宫，而地宫中通常都珍藏着相当数量的文物。但让日寇没想到的是，他们打开天封塔第一层石板后，却看到了一口井。日寇由此认为，塔下是井，地宫不可能设置在井下，他们失望地放弃了对天封塔地宫的掠夺之心，扫兴而归，天封塔地宫也就此逃过了一劫。这才有了1982年震惊全国的宁波天封塔地宫考古，出土了大量的南宋时期文物。这批珍贵的文物现在陈列在宁波博物院中，供游客参观。

天封塔塔下有井之说，有人曾采访过一位一直住在天封塔旁的医生。这位医生说，他的父亲原是天封塔的管理者之一，天封塔的一层佛龛前有一块荷花石板，这就是塔下水井的井盖。解放初期，天旱缺水，他的父亲因建房需要，还在井里取水拌过石灰。当时教堂里有位意大利籍的神父伊菲理，见到此景，认为塔基下设置水井，可以用来平衡塔的承力和应力，为此，神父还专门写过一篇文章，称赞中国建筑的神奇。

但是在1982年，宁波市文管会对天封塔考古时，曾撬开天封塔第一层的每一块石板，都没有发现有水井的痕迹。有人说，这是因为天封塔下有一条地下水系，当某处被淤塞时，就会在塔下形成"水井"的缘故。但我们更相信是天封塔对宁波的庇佑，当日寇来到天封塔时，为防止他们盗取地宫文物，塔下的水井显现了；当天旱无水，而民众需要取水建房时，塔下的水井又显现了；而当政通人和，天封塔地宫可以现人间时，塔下的水井又神秘地消失了。

天封塔的水井从哪里来，又到哪里去了，这又给我们留下了一个未解之谜。

照片中的天封塔为何没有塔檐？

宁波是国内最早一批有西方人到达的城市之一，其中有一些爱好摄影的西方人在宁波拍摄了大量照片，我们现在还可以看到这些外国传教士在中国拍摄的照片，其中有很多宁波天封塔的身影，这些照片中的天封塔特征十分明显，塔身没有通常所见的楼阁式塔的飞檐、平座，一层与一层之间，呈现出收腰的感觉，就如同是一位江南美女，玲珑而有致，纤细而秀美。

但如果我们放大照片后细审，可以看到层与层之间的收腰部分，其外形如被啃过一样不规则，而且可以看到层与层之间，有非常规整划一的方孔，以及残留的木梁，种种迹象表明，天封塔和其他楼阁式塔一样，曾经是有飞檐的。那天封塔为何会有这副模样呢？

在日本京都，有一处世界文化遗产叫金阁寺，因其寺中有一幢三层楼阁式舍利殿而著名，舍利殿上面两层外层通体饰以金箔，阁前就是一汪湖水，天气晴朗时，金阁与翠绿的笠山、蓝天白云相映衬，而这些景致又倒映在湖中，更显金碧辉煌。昭和二十五年（1950），寺内的一个僧人觉得它太美了，因爱而生嫉妒，因嫉妒而生恨，就自焚在此美景之中，金阁连同殿内的国宝一同烧毁了。日本著名作家三岛由纪夫还以这件事为背景，写过一篇长篇小说《金阁寺》。天封塔和金阁一样，也被火烧毁过，不同的是天封塔被烧毁不是因为僧人的嫉妒之心，而是因为僧人对于佛教的虔诚。

天封塔属砖木结构的楼阁式塔，一层明，一层暗，共七明七暗，明的一层塔外有木梁平座，其上有木檐，但长期暴露在外面的木构件风吹雨淋，极易腐朽，每隔一段时间，都要进行修补。清嘉庆三年（1798），天封塔进行了一次大修，请来了木工何天富，对檐角和栏杆进行大修。工程因是自上而下，每修补一层，即清理一层，因此，越是底下的楼层，塔的楼道里越是积满了木头和木屑。当时天封塔还差底下三层未修完，因此，底下三层随处可见易燃的木料，极易引起火灾。

在天封塔大修期间，僧人还不忘登塔去点灯。天封塔每层都有油灯，而且每层还安置有佛龛，里面供奉着菩萨，而菩萨前也都有油灯。没有外罩的油灯，很不安全。嘉庆三年十二月初三，僧人非常虔诚地登塔去点油灯时，却不慎把木屑给点燃了，时值一年中的干燥季节，当发现着火时，火苗已直蹿而上，天封塔顿时火光冲天，已非人力所能控制。天封塔外檐、平座，以及底层回廊（副阶），塔内的木构楼梯、梁架、楼板等原天封塔的木构部分无一幸免，而且历代大修天封塔的碑记也在此次大火中毁失，并殃及天封塔下的天封寺。

大火过后的天封塔从外观上看，没有了外檐和平座，而且层与层之间明显凹了进去。此时的天封塔，看上去好似菜场里面出售的"素鸡"一样。天封塔一直到解放后，才得以加固大修。

为何称天封塔穿上西装？

有一段时间，天封塔被市民们戏称为"穿上了西装"，天封塔为何会有这样的称呼呢？

天封塔经过清嘉庆年间火烧后，又因年久失修，出现了严重剥蚀，塔砖不时掉落，塔身也发生了倾斜，而天封塔塔身高，如果倒塌，必将危及周边居民。

民国时期，为天封塔周边居民的安全考虑，有识之士多次呼吁大修天封塔，或者拆除。新中国成立后，以时任中国佛教协会会长圆瑛任主席的"大修天封塔委员会"成立，但大修一直没有能够进行。

1956年，宁波正面遭遇台风袭击后，天封塔倾斜加剧。此时的天封塔已被浙江省人民政府公布为省级文物保护单位。为了保护文物，同时也防止出现风雨对天封塔的继续侵害，防止倒塌，有关部门进行多次研究后决定对其进行修理。1957年，市政府拨专款，以"不倒、牢固、省钱"为原则，决定对天封塔进行大修，其大修工程的方案原则上是保持原有的塔的形状，为防止历史上塔顶被飓风吹落的事件再次发生，用水泥将塔顶封牢。为防止塔身砖块的掉落，特别是因火毁后容易出现松动的平座基础部分（即一层与一层之间塔身呈现"内缩"的地方），施工方用直径8～16毫米的钢筋做一个大钢箍，再用模板包起来，中间的空洞灌进去砂石混凝土，整个塔身加装上6道钢箍。为加强塔身自身的稳固，塔的转角处都用水泥加以填封。同时，此次的大修中，对嘉庆年间被烧毁的塔身内部栏杆和扶手进行修复，而且全部采用钢筋混凝土栏杆，对内部的楼板、步梯也全部调换，以利于参观者攀登，还第一次为天封塔装上了避雷针。

天封塔的大修工程始于1957年11月18日。当时工人师傅们建设新中国的热情非常高涨，原计划4个月完工的工程，经工人们讨论后，决定加班加点，献给家乡人民一份春节的厚礼。工程在1958年的春节前完成，虽然天封塔的塔身加固了，但天封塔好似一个六面椎体，群众对大修后的天封塔意见极大，主要认为此次大修后，古意尽失，破坏了塔的原貌，是给古塔"穿上了西装"。天封塔也由此从省级文物保护单位降级到市级文物保护单位。

天封塔地宫出土了什么宝贝？

1982年，宁波市规划设计院对天封塔基础进行勘探时，在天封塔的首层地面正中之下，发现了地宫建筑，于是立即向市文管会报告。市文管会对此展开了考古，从而发现了一个保存非常完好的南宋时期地宫，其出土器物之多，文物级别之高，轰动全国。这也是在宁波历年考古中所少有的，是宁波历史上非常值得铭记的一次重要的考古发现。

天封塔的地宫位于天封塔第一层中心部位石板以下约2米处，原来中间覆盖着土层、夯土层、黏土层、碎瓦层、砖砌层等5层。整个地宫建筑由内外两个石函所组成，两个石函间堆放着大量的铜钱。外石函由6块厚石板拼合而成，小石函由函盖和函身所组成，基本呈正方形。函盖和函身分别由两块石头所凿刻而成，大小相仿，都呈U字形，口沿部都有企口，可以相合。其中函盖两侧还有两个錾。

在小石函的四周有四大天王的雕刻。函盖顶部刻着题记，共21行，满行20字。从这段题记中可以知道，天封塔地宫的石函是由当时居住在"都税务前界生姜桥西"的赵允和他的妻子李氏四娘一家所捐造的，并捐造了"浑银地宫"，雕镂阿弥陀佛、观世音菩萨、大势至菩萨西方三圣像和阿难、迦叶，共5尊像，又施舍了绢5匹。这段铭文也正是捐献人赵允所撰写的，其年代为南宋绍兴十四年（1144）三月，与史书记载天封塔在宋建炎四年（1130）正月十六金兵占领宁波后，天封塔被烧毁，后在绍兴十四年进行大修的时间上是相吻合的。

天封塔地宫出土的文物现在在宁波博物院展出，其中就有银质的天封塔地宫殿。但大家有没有发现，这个地宫殿的屋顶依旧闪耀着金光，熠熠生辉，但下部却呈现出氧化银的黑色。这是什么原因呢？原来，当年小石函盖子被吊起后，人们发现地宫模型的墙、柱、门等构件已倒塌并泡在水中，已经变黑了。而屋顶当时是没有泡在水里的。

这座赵允捐建的浑银地宫，是一座三开间、进深两间的单檐歇山顶建筑，屋面为九脊歇山顶，正脊两端各置有一对鱼化龙形鸱吻，中间置一火焰宝珠。垂脊末端置盾牌形鬼面瓦。戗脊上的小兽最为特别，我们所常见都是清代小兽的规制，依次有仙人骑兽、龙、凤、狮子、天马、海马等，这个银殿戗脊上仅有3个高2厘米的小兽。从外到里，分别是鱼、狮子、马。每个小兽或作仰首状，或为倒立状，形象生动。据称，在戗脊上有类似3个小兽的在浙江省仅有2例，天封塔地宫殿即为1例。

戗脊角下的下角梁突出部位，安装有龙头状套兽，套兽嘴下各吊有一个圆筒形的风铎，内悬一云纹风板，真实地再现了宋代建筑檐角部位的样子。后来，天封塔复原大修时，建筑檐角部位特意根据地宫殿的式样进行了复原。

整座地宫殿刻工精湛，做工精细，写实性强，连梁架上七朱八白的装饰彩绘式样也在银片上凿出，其造型和纹饰都再现了南宋时期的建筑和装饰风格。与成书于北宋末的《营造法式》中的尺寸相符，图像一样。该殿曾作为中国文物精品，在日本京都举办的世界历史都市博览会展出。

虽然天封塔地宫因积水而使地宫殿倒塌了，但可以看出，西方三圣佛像、香炉等物件，还一如佛殿的摆设形式，放置在地宫殿中。很多文物因屋顶倒塌而东倒西歪，原本用银钩挂在梁架上的东西，也因梁架腐朽倒塌而掉落下来，但里面的器物实在让人震惊。此次考古，从天封塔地宫中清理出来金、银、铜、铁、石、木、玉、瓷器、水晶、贝壳、玻璃、螺钿、玛瑙、珠、砖等不同材质的器物有140多件。

其中仅造像就有：金造像1尊，立于银佛龛内；铜佛像13尊；石造像5尊，含描金4尊和素面1尊；铁造像2尊，铁涂金。

银器也是品种繁多，有银熏炉2件，单孔式、镂空式各1件；银香炉1件；银碗1件；银铲1件；银匙1件；银镯1件；银花3件；银条4件，上刻有"弟子郑十一娘舍"；银钩8对；浑银牌5种，共12块；银钱22枚，既有吉语"金玉满堂"，也有绍兴通宝、祥符通宝。另还有银项饰、锁形饰、银吊幡、银牡丹花饰、银涂金菱形饰、凤饰等。铜器有镜、钹、锣、磬、座子、象棋等。

还出土铭文砖323块，钱币200多斤，钱币中有历代铜钱52种，其中宋代铜钱30种。最早的是西汉的半两，最晚的是宋绍兴通宝，最多是五代的周元通宝。地宫中还出土了越南985年铸的天福镇宝，这表明在宋代时，当时的明州已经与越南有着商业贸易往来。

除铁质造像和木珠等因长期浸于水中，已全部腐朽，拿起即碎，无法保存外，其余都取出加以单独保护。这批文物中，当时被列为国家一级文物的就有10件。

小石函铭文所记载的赵允一家舍入天封塔地宫的"雕镂阿弥陀佛、观世音菩萨、大势至菩萨"西方三圣像和阿难、迦叶共5尊佛像也全部找到。

天封塔地宫出土文物中，还有几件非常特殊。

地宫中出土了一个绿琉璃做的香料瓶，瓶子一点没有合缝的痕迹，而考古人员打开瓶盖时，香料经过近千年，依然还散发着香味。可见当时制作技术的精湛及瓶子的密封程度之高。

佛教八宝在地宫中也都有发现，其中一件砗磲尤为特殊，其外侧有用朱砂写的14行字，虽然历经千年，但字迹犹新："大宋国两浙造明州鄞县威果营前第五保……谨发诚心舍此车渠天封宝塔永为续佛寿命板。时上元甲子绍兴十四年三月……"

天封塔地宫中出土的一枚象棋子，其大小与一元硬币大小相仿，厚度与现在使用的普通象棋子差不多，铜质，其一面刻有一个楷书"士"字，另一面刻有一个射箭的人像。

象棋在古代称为象戏，北宋时期的象棋有大象戏和小象戏之分，大象戏的棋盘更像是围棋盘，在大象戏中有"士"的使用，而小象戏的棋盘更接近于现代的象棋盘，虽也有32枚棋子，但不同的是，棋子中没有"士"和"炮"，使用的是偏、俾两个棋子。一直到北宋末期，才出现了"士"和"炮"。到了南宋初期，中国的象棋基本定型。而据考古所知，唐代的象棋子为立体，南宋的象棋子为一面文字一面图案，或是两面文字。而到现代象棋定制后，则象棋子为一面文字或两面文字。而天封塔地宫出土的这枚棋子恰好是象棋中的"士"，而且一面为文字，一面为图案。因此，这个棋子正是我国象棋从象戏定型到象棋过程中的重要实物。

为何天封塔又落架大修？

1957年的大修，无论对塔体的横向还是纵向，都进行了大面积的混凝土施工，这也使得后期如果要将塔体和混凝土剥离有了一定的难度。而且即使被剥离后，也必然失去了原有自然残损的面貌和古意。

而此次大修中，也没有对地基下陷、沉降不一这一塔体倾斜的重要因素做任何处理。大修后，塔的外面却包了一层钢筋混凝土。尤其在层与层之间原平座部分，填实了大量的混凝土，增加了塔的重量，又限于当时技术等条件，起到支撑作用的水泥没有填实。这都进一步加速了塔的倾斜。

1957年的大修解决了一些问题，但也留下了隐患，造成了天封塔不可挽回的破坏，这直接导致了20世纪80年代对天封塔采取落架大修的方式。

1958年后，有关部门一直通过吊线和光学经纬仪测量，密切监视着天封塔的倾斜程度，但现状越来越让人坐立不安。1979年6月，塔顶中心向东北偏离1.015米。1983年2月增至1.195米。至1984年6月拆天封塔前，中心线偏离已达到1.25米。天封塔成了一座名副其实的斜塔。

宁波市人民政府和浙江省文物管理委员会分别向省人民政府就天封塔拆建问题进行了请示和汇报。当时的文化部文物局高度重视，邀请了城乡建设环境保护部、故宫博物院等单位的4位顶级专家到宁波，对天封塔进行实地勘察。他们认真查阅了历年的监测数据等资料，回京后，向省文管会提议天封塔以落架大修为好。

1984年7月，省文化厅正式批复同意对天封塔进行落架大修。当月17日就正式动工对天封塔进行拆卸落架工程，并加以大修。

天封塔大修过程中又发现了什么文物呢？

1984年天封塔落架前，塔顶部分相轮、刹杆、仰月、宝珠等都已经缺失，仅存须弥座上的覆钵、宝珠、承露。这也是拆除天封塔首先被吊下来的构件。其中仅覆钵就有4吨重，今天放置在天封塔下的南侧。在宝珠和覆钵上铸有铭文，从铭文中可以看出，宝珠为清雍正年间或乾隆年间所重铸。覆钵，形似一只倒扣的盆，元天历元年（1328）大修时铸造。

《僧祇律》中说："真金百千担，持用行布施，不如一泥团，散心治佛塔。"可见，资助大修佛塔，是普通信众行善的捷径。也正是如此，在拆除天封塔的过程中，发现了大量带铭文的塔砖，内容多与信众为建天封塔而捐助塔砖有关。这些铭文砖又可以为分三类，一类是朱书，即朱砂磨成墨后，用毛笔直接写在砖上。第二类是墨书，即用毛笔蘸黑墨汁写在砖上的。第三类是模印，即事先刻好印章，待做好砖坯后，在砖泥未干之间，不用印泥而直接在砖上盖印，使砖泥凹凸而呈现文字。

经考古部门编号登记统计后，共有铭文砖约4000块，其中3450块尤为珍贵，为纪年砖。

此次天封塔拆除中，在塔里还发现了一批文物。在二层以上的壶门顶上，找到了放置文物的窟窿和龛。内有锡盒，锡盒内藏着白瓷观世音像、铜佛像等。还发现了铜皮经筒25个。经筒内藏着《妙法莲华经》经卷，这些经卷毕竟已经有近一千年的历史，出土时字迹尚能辨认，但是见风即化，十分可惜。同时又发现了两个石匣和一个木匣，匣子里装着《大乘妙法莲华经》。这几部经折是迄今为止国内首次发现的双面印刷纸文物,距今约有一千年历史,在我国古代造纸、印刷史上有着极特殊的地位。为了保存这批经折,就交由天一阁的古籍修复专家进行修复。2001 年,天一阁联合南京航空航天大学、南京博物院,共同向国家文物局申报《南宋经折加固材料与修复工艺》的专

天封塔塔刹　（供图：丁真珍）

项研究课题。经过两年的攻关,基于现代纳米技术,终于取得了研究成果,制成了专用的加固胶液。我们相信,也期待天封塔出土的南宋经折终将迎来对外展出的一天。

参考文献

[1]〔元〕延祐《四明志》第二卷［O］.

[2]〔元〕至正《四明续志》第十卷［O］.

[3]〔宋〕宝庆《四明志》第十一卷［O］.

[4]〔明〕嘉靖《宁波府志》第十八卷［O］.

[5]〔清〕康熙《鄞县志》第六卷[O].

[6]〔清〕光绪《鄞县志》第六十六卷[O].

[7]《阿育王寺志》清刻本[O].

[8]〔清〕徐兆昺.四明谈助[M].宁波:宁波出版社,2003.

[9]林士民.三江变迁:宁波城市发展史话[M].宁波:宁波出版社,2002:57.

[10]宁波市文化局."海上丝绸之路"——中国宁波[C].2003.

[11]林士民.再现昔日的文明 东方大港宁波[M].上海:上海三联书店,2005.

[12]宁波市暨各县(市)区政协文史资料委员会.宁波文史资料第20辑——宁波文物古迹保护纪实[M].宁波:宁波出版社,2000.

[13]宁波市地方志编纂委员会.宁波市志[M].北京:中华书局,1985:32.

[14]宁波日报[N].1938年7月2日,1983年7月17日,1983年12月25日,1984年1月8日,1984年1月15日,1984年1月29日,1984年1月18日,1984年12月8日,1986年7月9日,1987年3月7日,1987年4月1日,1987年7月16日,1987年10月2日,1988年5月20日,1988年12月18日,1989年8月4日,1989年11月5日,1989年1月30日,1989年12月2日,1989年12月3日,1990年3月1日,1990年3月11日,1990年3月26日,1994年11月24日,1995年9月8日,1996年8月6日,1997年3月21日,1997年4月9日,1998年1月12日,1998年3月31日.

[15]宁波报[N].1957年9月24日,1957年11月27日,1958年1月14日,1980年9月7日,1981年12月6日,1986年7月9日.

[16]上海宁波日报[N].1944年4月30日.

[17]时事公报[N].1935年3月7日,1942年6月14日.

[18]申报[N].1916年8月25日.

[19]宁波大众[N].1962年9月28日.

(原文载《千年海曙》编委会:《千年海曙·第一辑:一城流芳》,宁波出版社,2017年)

二、周东旭

宁波文化研究会
理事

发表文章《卢氏支祠：天封塔影传家风》《宁波建城1200年 | 宁波城中的寺庵》等

Q₁：请问您对天封塔有无印象或特殊记忆呢？如果有印象，随着这些年宁波的城市发展，您对天封塔的印象有没有发生变化呢？变化中有哪些故事呢？（如：道路交通、治安管理、自然环境、卫生条件、来往人群、塔体的修缮、游客开放的活动范围等）

A₁：我是象山人，我也是 80 后。我到宁波上学以后才见到天封塔，但是我有点恐高，所以没有爬到过塔顶，基本上就爬到了三四层。象山有一座最高的山叫蒙顶山，如果天气好的话，以前可以从山顶看到天封塔，但是这应该是很早以前的人的说法，可能在古人的文章中也有记录，后来因为高楼大厦林立，以及空气质量下降，现在很少能在山上看到天封塔了。

Q₂：您是什么时候开始从事宁波地方文化研究的？

A₂：2005 年，我大学毕业以后在海曙区文物管理所上班，做的工作就是文物保护，因此对文物保护的关注会多一些。研究文物，一方面要结合文献和地方志，另一方面要结合考古的现存实物，还有一方面是口口相传的文化，虽然这些没有形成文字，但是也可以作为一种印证。我自己是对文物比较有兴趣，文言文功底相对好一点，就尽量做一些文物资料的梳理和宣传工作，搜集古代的文献图片资料，自己也写写文章。

Q₃：我们看了您的文章觉得您的文笔非常好，在写这些文章的时候您肯定要查阅很多资料，请问您查阅资料的时候是否遇到一些困难？

A₃：查阅资料的困难度相对来说还好。资料里的地方文献资源比较多，比如《四明谈助》《鄞县通志》等，记录宁波地方文化的书基本上都有影印本或者点校整理出版过，主要是看你有没有耐心去读。地面上文物涉及很多类型的古建筑，有些是公共建筑，比如鼓楼；有些是以前的圣庙寺观，比如城隍庙、天封塔等。它兴建于什么时候、历代有什么建制等这些其实历代地方文献里都会有记录。现在我们也是根据这些文献和口述资料进行文物普查，以及进行一定的测绘，来保证所做研究的专业性。

Q₄：您开展的"宁波城的生命印记"主题讲座中提到《宁郡地舆图》，您觉得地图对于地方历史研究有什么重要作用吗？

A₄：这张地舆图之前被收藏在美国国会图书馆，10 年前才回到宁波。它的内容非常详尽，标注了将近 400 个地点，我们可以把它看成一张晚清宁波建筑的全景图，宁波非常有名的、重要的建筑都被它记录了下来。从这张图上，我们可以看到包括道路、河道、圣庙、寺观、名人故居、宅地在内的各种丰富多彩的内容，因此这张地舆图的价值非常高。"宁波城的生命印记"系列讲座已经开展将近 10 年了，起初，它受众范围比较小，但我在阅读一些书籍、经过一些研究后，再把这些城市历史知识普及给大家，讲座就变得很受欢迎，许多历史爱好者希望了解更详细的城市"生命印记"。我认为图和文字当然是相辅相成的，单看文字就会丧失立体感，比如说它写的几公里、在哪个方位，大家都不知道。其实一直以来古代都是有地图的，虽然可能是比较写意地大致标一下，不过基本上也能看出来，衙署、寺庙、山体、牌坊、学校等都是有标记的。有的时候文字表述不是特别清楚，图与文字相对应会便于我们更全面地认识事物。但是以前留下来的图比较少，所以相比文字，图更珍贵。

Q₅：您对天封塔的历史研究有哪些见解或者疑问吗？

A₅：林宇镇老先生也是一个文保员，他对边上的城隍庙、江厦街还有天封塔都很感兴趣。有次他专门来我们办公室讨论了一些问题，比如老宁波人说的"天封塔十八格"，他很好奇天封塔明七层、暗七层，加在一起也就十四层，怎么会有十八这个数字呢？还有天封塔的命名是在"天册万岁"和"万岁登封"两个年号中各取一个字，但是这两个年号相距只有一年时间，他就怀疑工期够不够修好这座塔。还有现在所谓的大沙泥街、小沙泥街，是取自天封塔的"聚沙成塔"，但他查了一下聚沙成塔其实不是修塔的方式，而是老百姓中有一种说法，修这么高的塔，是从边上慢慢把沙子堆上去，然后在中间把塔搭上去，搭到顶了以后再把沙子慢慢扒掉。可是沙子这么松软，要把它们堆到五十几米以上其实是很难的，而且还需要大量的沙子。也有人说可能是堆沙包，这种说法其实都不太可靠。古代建塔也会有脚手架的，不可能单纯靠沙子堆上去，所以这也只是一个存疑的说法。我们对历史上遗留下来的一些文物也好，一些说法也好，要能提出自己的想法，用怀疑的态度去做学问。别人说的代代相传的一些东西，其实不一定就是对的，是有问题的。这是我从林先生身上学到的学术精神，就是需要提出一些疑问，有问题以后，慢慢地像抽丝剥茧一样解答出来。就像胡适先生说的，"大胆地假设，小心地求证""有几分证据说几分话"，也是我觉得非常好的做学问的方式。

Q_6：2016 年，南塘老街的城南书院展出 20 多幅宁波老地图，您作为嘉宾讲述了老地图背后的故事。纵观这些宁波老地图，您认为能给天封塔的研究带来什么启示呢？

A_6：对天封塔的研究倒没有特别的启示，老地图不像精细图纸，天封塔在这些老地图上面都只是小标注。古代地图早期是比较写意的，到后来测绘上先进了，逐渐变得写实，距离和尺寸才比较准确。我当时分享宁波地图，就是以老地图讲宁波的历史文化，将一张图作为经纬线，把历史时空都串起来，这样听众会有更立体感。比如你跟他说天封塔的时候，在地图上指天封塔大概在老城的哪个位置，这样大家就比较清楚了。

Q_7：2015 年，海曙区发布了全市首张"海上丝路"文化遗存手绘地图，其中天封塔也包含在内；宁波博物院也将天封塔地宫出土文物放在"东方神舟——宁波海上丝绸之路主题展"中。据我们了解，宁波的海上丝绸之路申遗将会是一项长期持续的工作，您认为天封塔与海上丝绸之路的关系具体体现在哪里呢？如何更好地将海上丝绸之路的历史遗产从点到线到面地推介给公众呢？

A_7：在以前没有高楼大厦的时候，天封塔是宁波老城最高的建筑，有五十几米高。其实对海上丝绸之路来说，天封塔不光是一个塔。塔文化从印度传入中国时，其实是一种佛教解读，就是浮屠，"救人一命胜造七级浮屠"。后来慢慢演化为灯塔、风水塔等。宁波天封塔不光是佛塔，它作为宁波最高建筑，还发挥着航标的功能，对历代航海之人来说非常重要。在海上丝绸之路上，天封塔也是一个非常重要的建筑。宁波有很多专家学者都在关注海上丝绸之路这一块，内容也很丰富，有研究佛教的、饮食的，也有研究政治交流的。日本也有很多学者在做研究。推广是另外一回事，因为很多人如果他们不关心这方面，可能就不会去看这些东西。但是我个人觉得作为一个宁波人，应该了解一下宁波的历史文化，比如看到天封塔，也应该向朋友介绍一下宁波的海上丝绸之路。我历来对海上丝绸之路比较感兴趣，宁波是海上丝绸之路非常重要的一个港口城市，也是大运河的一个非常重要的出海口。因此，宁波和其他城市不同，它不光连接运河，也是一个海上的出口，其他的有一些城市，比如泉州、广州，仅作为一个港口城市，没有连接运河。

Q$_8$：您在"甬上"APP发了一篇关于卢氏支祠和塔影巷的文章，塔影巷现在被并入了历史文化街区，但去卢氏支祠的人仍比较少，您觉得如何让老城区中心这块历史文化街区活起来？

A$_8$：纯粹传播历史文化本身是很难的，需要借助一定的外力。我们有的时候会把一条街里面比较有名的一些名人故居或者是公共建筑，直接做成一个陈列馆。相对而言，街区的人流量比较大，因此效果会好一些。但是街区一旦纯粹商业化后，像卢氏支祠这样的文化点就会被掩盖。我认为这些历史文化阵地应该得到保留。

Q$_9$：您现在研究的地方历史和民俗现状如何？

A$_9$：我现在的研究内容都不是很热门，我觉得文化这东西像沉香一样，要慢慢地挥发出香味，它不是那种非常浓郁扑鼻的香味，你能慢慢地感受到这种氛围是最好的。宁波天一阁是比较热门的，但是除了天一阁，其他文物景点也有很多可以研究的点。比如天宁寺塔是唐代的原物，相比之下天封塔它是20世纪80年代大修过的，那完全不一样。天宁寺是国家级文保单位，就在海曙中心小学前面，但是关注的人也很少。怎么样去讲好文物故事，这也是一个新课题，涉及文物宣传或者是转化利用这方面的问题。

Q₁₀：您有听说过关于商人识宝定风珠、鲁班显灵天封塔或是老石匠斗恶鳖的传说故事，和大沙泥街、小沙泥街的来源吗？您怎么看待这些成为非物质文化遗产的民俗传说与客观历史事件之间的关系？

A₁₀：民间传统的故事包含着古代劳动人民的智慧，也能起到教育作用。但是传承这些内容是比较难的，现在能讲这些故事的人非常少，像做手工宁波汤圆的技艺也很少有人在继承了。我觉得传承文化与人和人之间的沟通交流有着密切的关系，比如讲故事，往大了说是传承文化，往小了讲可以培养亲情，这些东西都是融合在一起的。

Q₁₁：史书记载，南宋时有一个叫范铨的人将神仙给他的灵丹放到了天封塔上，元、清大修天封塔时还都发现了这颗灵丹。但如今镇塔宝丹和石匣都没有作为传世品流传下来，那在没有实物证据的情况下，是否可以将镇塔宝丹视为一个传说故事呢？您认为此类记载对天封塔的相关研究有什么启示意义吗？

A₁₁：有些神仙故事其实是一种民间故事，也是古代的一种信仰，从宣传或者故事角度来讲是挺好的，也有助于天封塔的历史流传。

Q₁₂：您从事文物方面的工作，有没有购买文创产品的习惯呢？

A₁₂：我偶尔会有，但也不是特别多，现在的文创产品其实也是比较没意思的，比如说提炼一个符号印在T恤或者手机壳上面，就不是特别有创意，实用性也不强。我有时候会支持一下，比如到一个地方会买一些明信片或者手绘地图，还有一些实用的书籍等等。文创产品开发需要一个团队，还要投入很多的资金，天封塔现在没有自己独立的文创产品。

Q₁₃：您在"宁波建城1200年丨宁波城中的寺庵"一文中写道："早在后汉乾祐三年，就有人开始大修天封塔院。宋大中祥符三年赐天封院。（天封院与天封塔）同样毁于建炎兵灾。绍兴十四年，太守莫将大修。寺院的兴废与塔一样。在嘉庆三年十二月，塔被火烧后，塔院也从此衰败。"但就目前我们访谈到的考古发掘者、文史爱好者而言，大多认为天封寺和天封塔并无寺以塔成的绝对联系，在后续的历史发展和研究阶段，天封院也并未得到足够重视。请问您是如何确认它们之间的联系呢？寺院历史上的香火和天封塔是否有直接关系呢？

A_{13}：天封塔比较有名，天封寺也可能是存在的，因为《四明谈助》上有对僧人的记录，僧人不住在塔里面，因此肯定有寺院。其实很多寺院都有塔，比如天龙寺也有塔，阿育王寺有3个塔。城区的寺院可能因为面积比较小，没有像山里面的寺院一样修塔，其实是跟世俗更近一点。

Q_{14}：我们在《宁波市海曙区志》中看到，天封塔西河、天封塔东河都曾经存在，河上各有8座、5座桥，其中天封桥位于天封塔西河上。您是否有研究过河道桥梁的历史变迁呢？这些地名是否可能也和天封寺一样，仅因为和天封塔的地理位置相近而得名呢？

A_{14}：地塔边上有河道，河道上面有非常多的桥，宁波老城里桥其实是非常多的。现在因为河道都没有了，所以桥梁保留下来很少。天封桥就是因为和天封塔的地理位置相近而得名。

Q_{15}：天封塔的铁铸覆钵位于天封塔南侧，它上面刻的元代铭文和《勒石永禁碑》上的碑文都没有在景区呈现，您觉得这些是没有必要向公众展示的，还是只是没有做这方面的工作？您觉得需要更好地向公众阐释、讲述这些文字记载的内容吗？

A_{15}：这里要做一个简单的说明，其实是有呈现的，有一个标识牌。覆钵上面的一些铭文，如果以前没有人抄录的话，现代人也没法抄。但它上面的有些名字是值得研究的，所以这种功德碑有一定的意义，只是意义没那么大。因为有些人在历史上就留下一个名字，没有其他任何的佐证，所以一般也不会花很大篇幅去介绍。值得介绍的内容其实用一句话说明也够了，我觉得没必要阐述过多。

Q₁₆：您对天封塔及此类具有地方代表性的文化遗产价值是如何看待的？以天封塔为例，您认为未来宁波的城市考古还有文化遗产保护和利用，可以向什么样的方向去更好地发展？

A₁₆：文物具有其社会价值，它是文化的物质载体，是非常重要的，一代一代的宁波人应该好好保护它们。第二个问题不好回答，只能是一步一个脚印了。目前，天一阁在这块做得比较好一点，因为有整个天一阁博物院支持。如果天封塔也有十几个工作人员，可能也会将宣传工作做得很好，毕竟民间的力量总是比较小的。

Q₁₇：您和文史爱好者们组织参与了不少讲座、读书会等公众教育活动，您认为整体反响如何呢？疫情时代线下活动难以开展，您认为应该如何更好地将天封塔等历史文化传播给更多的人呢？

A₁₇：整体反响还是可以的。这个也看听众，比如在有些单位、社区、学校组织做讲座，喜欢的听众就会多一些；如果是在书店做讲座，来听的基本上都是一些真正的文史爱好者。我觉得做讲座跟写文章不一样，讲座更通俗易懂，互动性更强。这种针对公众的教育活动，只能慢慢来，举办者要只在意自己做了多少事，不要考虑到底得到多少或失去多少，只问耕耘、不问收获。疫情期间还可以做线上直播，不过这个也要看塔能吸引到的流量，天封塔算比较小众的，只有对天封塔主题感兴趣的老宁波人可能才会来听。历史文化的受众群体是要有一定积累的，上了年纪的对这些会更感兴趣。但是有些年纪大的人，他不一定会用手机或者操作不熟练。感兴趣的青少年也有，我跟鄞州合作的"鄞州晚七点"，就是包括青少年工作的一个研学活动，在我给小孩子讲解以后，家长反映小朋友回去后就有说不完的话，他们觉得这些东西还是挺好玩的。只是平日里没有一定的传播渠道，他们也不知道从哪里去获取这些东西。推广传播肯定是好事情，我觉得像你们这样，感兴趣或者因为专业原因，了解宣传一下，也是一件非常好的事情。

三、黎毓馨

浙江省博物馆历史文物研究部
主任

Q₁：在前期工作中，我们发现一直以来，天封塔及其相关问题的研究都不够充足，而佛塔的宗教研究是非常重要的环节，听说您对天封塔地宫出土的佛像进行了研究，请问您起初是如何想到以此作为研究对象的呢？您在研究过程中有什么个人感受呢？

A₁：我原来是做考古的，发掘雷峰塔遗址、完成雷峰塔遗址考古报告以后，我调来浙江省博物馆工作，开始研究浙江的佛教以及跟佛教相关的遗迹和遗物。其实我的学识跟专门研究佛教的专家相比，还是远远不够的。我的研究方向主要立足于浙江，因为做了将近20年的整理、研究和展示工作，日积月累，所以目前对浙江地区的佛教情况和脉络还算比较了解。最近十多年，我们做了很多关于浙江佛教和中国佛塔地宫文物的展览，如2009年"天覆地载——雷峰塔天宫阿育王塔特展"、2010年"地涌天宝——雷峰塔及唐宋佛教遗珍特展"、2013年"心放俗外——定州静志、净众佛塔地宫文物"、2014年"远尘离垢——唐宋时期的《宝箧印经》"、2016年"越中佛传——东南佛教盛事胜迹圣物"、2017年"佛影湛然——西安临潼唐代造像七宝"、2018年"佛影灵奇——十六国至五代佛教金铜造像"等专题和原创性展览，并对这些资料进行过系统整理，出版了展览图录，撰写了一些相关的学术论文，举办了国际学术研讨会，组织编撰了研讨会论文集。我们研究浙江地域佛教，以崇佛背景浓厚、遗物和遗迹保存较多的唐宋之际吴越国为重点，推前往后再做魏晋南北朝、隋唐、宋元明佛教方面的探讨。至于天封塔地宫出土文物，我很期望与宁波博物院合作，共同整理、共同研究、共同展示。因为天封塔无论建筑本身，还是塔身及地宫出土的遗物，都是浙江地区佛教文化研究很重要的原始资料，可以做深入的探讨。

Q₂：浙江省博物馆2011年的"吴越胜览——唐宋之间的东南乐国"展览和2018年的"越地宝藏——100件文物讲述浙江故事"都借展了宁波博物院天封塔地宫出土的文物，您对当时的展览还有印象吗？当时借展了哪些文物，是如何阐释与传播的呢？

A₂：2011年举办"吴越胜览——唐宋之间的东南乐国"展览，当时商借了宁波博物院收藏的一件天封塔塔顶发现的文物，即吴越国王钱弘俶乙卯岁（955）铸造的铜阿育王塔。因为当时做这个吴越国展览，我很期望把各地发现的阿育王塔，各种质地，包括银、铜、铁等金属材质，漆木、陶制的，都集中到一起展示。展览前就有目标性地去搜寻资料，发现了这一件。但这件铜阿育王塔不是从天封塔地宫出土的，而是从天封塔的塔顶发现的。

2018年商借的一尊铜鎏金阿弥陀佛，在发掘报告上判定时代为南宋时期的，但我早年去宁波博物院展厅观摩的时候，就认为这尊佛像有异域的风格，或许为朝鲜半岛统一新罗时期铸造的金铜造像。后来脑子里一直琢磨这尊像，查阅资料后发现它确实是一尊统一新罗时期制作的金铜造像，目前已经得到韩国学者的认可和学术界的公认。它的形象其实不是阿弥陀佛，但是地宫器物的铭文，确实记录它是佛教"西方三圣"的主尊阿弥陀佛像。我们在整理佛教遗迹，特别是宋代地宫时候，发现一个比较普遍的现象，在晚期的遗迹中，经常会出现早期的遗物。2013年，与南京大学历史系夏维中教授团队、宜兴市文管会、宜兴市博物馆合作，对江苏宜兴北宋末年法藏寺转轮藏地宫资料做了系统整理研究，出版了《法相光明——江苏宜兴法藏寺北宋地宫文物》，该地宫出土的一尊吴越国时期的铜鎏金护法力士像，身侧錾刻有北宋"崇宁四年五月日罗用舍入藏"。更有甚者，上海松江圆应塔地宫出土的一尊南朝时期一佛二菩萨三尊式金铜像，通身背光，后面满刻明代的发愿题记，文末錾刻"正统十年六月十八日舍施"，毫无疑问，这尊整体风格为南朝时期的金铜像，背部铭文为明代佛塔地宫建成舍入时补刻。尽管宁波天封塔地宫出土的这尊统一新罗时期金铜立佛像，出土于绍兴十四年（1144）地宫中，但这尊造像的时代不是南宋时期。我们2018年把它借展到"越地宝藏——100件文物讲述浙江故事"展厅里面，主要是因为唐宋时期的明州（宁波），不仅是一个重要的贸易和货物交流的港口，还是一个文化交流的重要港口。文献记载，唐宋时期有很多日本、高丽等国的僧人坐船从宁波登岸入华，朝圣长安、东京（开封）、五台山等地的佛教胜迹，浙江天台山也是日韩高僧心仪向往之地，唐宋时期日本高僧就有最澄、圆珍、奝然、成寻。因为这尊造像有明确的出土地点，所以特别重要。现在国内发现统一新罗时期有明确出土地点的金铜造像几乎未见，国内博物馆收藏的朝鲜半岛金铜造像，大多都是传世的。宁波天封塔地宫出土的这尊造像，有非常明显的时代和地域风格，造像铸造的年代距离造像在地宫瘗藏的年代较远，地宫的年代是南宋绍兴十四年甲子岁（1144），这尊造像的铸造年代大体在唐代的前期，可能是公元700年前后。晚期的佛教遗迹中出土早期的佛教造像很正常，也很普遍，譬如金华万佛塔地宫，建造于北宋嘉祐七年（1062），但是里面还出土了南朝的金铜弥勒菩萨立像，体量较大，国内罕见，除此之外地宫中还出土了几十尊唐五代时期的金铜造像。供养在寺院的早期金铜造像，到了后期大修佛塔建造地宫的时候，作为供养品瘗藏在地宫，也是常事。这尊统一新罗时期造像，是整个天封塔地宫造像中形体最大的，应该也是最为精美的一尊。宁波博物院展出的时候，依照地宫器物上的铭文，判定为南宋时期铜鎏金阿弥陀佛，经过我们与宁波博物院共同对比研究，目前已经确认是一尊统一新罗时期的铜鎏金旃檀佛立像。

还有一次是2015年武林馆区举办的"中兴纪胜——南宋风物观止"展览，我们也从宁波博物院商借了一些天封塔地宫出土的文物，如錾花单孔银熏炉，这件器物是南宋时期的，制作工艺非常精湛，代表了南宋江南地区金银器制作的高超水平。

Q$_3$：您在《五代宋初吴越国时期佛教金铜造像概述》中提到，天封塔地宫出土的两尊金铜佛立像有像身中空后背铸凿孔洞者，或许是朝鲜半岛铸造。宋人张津在《乾道四明图经》中也说今宁波地区"虽非都会，乃海道辐辏之地，故南则闽广，东则倭人，北则高丽，商舶往来，货物丰衍"。今天日本九州大学的图书馆还能看到您主编的《吴越胜览：唐宋之间的东南乐国》等记录和研究吴越国遗珍的书籍。请问您的研究有涉及中国佛教的对外交流吗？天封塔地宫文物还能说明哪些佛教方面的交流呢？

A$_3$：2019年，我在"佛影灵奇——十六国至五代佛教金铜造像"展览前面写了一篇文章，题为《五代宋初吴越国时期佛教金铜造像概述》。吴越金铜造像，我曾经做过较为系统的整理和展示，造像的历史背景、出土状况，造像的形体衣纹、背光器座，是我需要重点了解和观察的，这些造像的铸造、制作工艺，同样也是我重点考察的范畴，我很关注金铜佛像的背部状况，发现很多吴越国时期的金铜造像，有一个非常重要的特点，它的背面开了很多孔，我目前不能判断这些孔洞是否与铸造有关。我以前做过一个陕西临潼出土唐代金铜造像的展览，在孤山馆区精品馆展出，名为"佛影湛然——西安临潼唐代造像七宝"，通过观察，发现中国唐代的金铜造像，背面都是平齐的，没有这种吴越国时期金铜造像常见的后背开孔情况。

吴越国时期这一风格恰好与统一新罗时期的造像是一致的。所以我认为吴越国时期造像风格的形成，或许与统一新罗时期高丽所在的朝鲜半岛交流有关，很可能受到统一新罗时期高丽佛教造像铸造技术方面的影响。统一新罗造像捶揲式的镂孔铜片背光，在吴越国金铜造像上亦有发现，金华万佛塔地宫出土的一尊双手放于胸前、掌心向外施手印的坐佛像，通身背光用铜片捶揲而成，初次观察时以为是银作。前些年我与王宣艳等部门同事去湖州博物馆库房调研飞英塔出土的西方三圣金铜造像，在库房内看到了残存的背光，是用捶揲的方式，将铜料捶打成薄铜片。史料文献记载，吴越国的很多僧人来自高丽，如禅宗雪峰宗代表人物杭州龙华寺灵照。北宋天台宗僧人知礼的恩师宝云义通，本是高丽国人，天福年间来两浙吴越国后，先师从法眼宗高僧德韶门下，后成天台宗中兴高僧羲寂弟子，学习天台教义。吴越国禅净合一法眼宗高僧永明延寿法师，他的弟子中，就有很多是高丽僧人。赞宁《宋高僧传》卷二八《大宋钱塘永明寺延寿传》记载，延寿《宗镜录》传至高丽，"高丽国王览其《录》，遣使遗金线织成袈裟、紫水晶数珠、金澡罐"。文献记载与实物发现一致，宁波地处中外文化交流的中心枢纽地带，所以我当时判断吴越国这种风格的金铜造像，应该受到了朝鲜半岛的影响。

整个天封塔地宫出土的佛教文物，主要分成三个时段，第一个时段是统一新罗时期，相当于中国的唐代，统一新罗的宗主国是我们唐朝。第二个是吴越国时期（907—978），发现的数量最多，出土于统一新罗时期金铜立像（器物铭文中称为"阿弥陀佛"）两侧的菩萨像，应该就是吴越国钱俶时期铸造的。这两尊菩萨像，一尊是观世音，一尊是大势至，但从他们手上的标志物来看，均为一手持净瓶，一手握杨柳枝，应当都是观音像。可以看出，到了南宋时期，僧俗会利用早期的造像，根据自己观念及判断，重新对造像进行搭配。在中国佛教的早期阶段，比如北朝的时候，佛和菩萨区分得非常明显，特别是菩萨的标志非常清晰。铭刻中记载，天封塔地宫殿主尊造像5尊，中间为西方三圣，即阿弥陀佛、大势至菩萨和观世音菩萨。另外两尊像个体较小，一尊为迦叶，一尊为阿难。天封塔地宫发现了两尊统一新罗时期的金铜造像，一尊在宁波博物院基本陈列中展示，还有一尊，2021年举办的"汇流——宁波建城1200周年特展"中展示出来了。统一新罗时期金铜造像，风格是仿唐代的，但在形态特征、铸造方式、底座、背光方面跟唐代造像有很多区别。天封塔出土的那尊统一新罗像的背光不是铸造的，是用铜片捶揲的，而且上面还镶嵌有很多珍珠，底座的样子在我们国内唐代造像中是找不到的。这种造像应是受到了唐代的影响，又保持着朝鲜半岛的地域特色。天封塔的地宫出土的这两尊统一新罗时期的造像，其来源肯定是朝鲜半岛。吴越国通过发达的海上交流，与渤海国、朝鲜半岛诸国保持了外交关系，这在史书上多有记载。我们又能通过造像得到实物印证，这是非常重要的。天封塔地宫出土造像，还有一部分是南宋时期的造像，与建造地宫的南宋绍兴十四年（1144）所处年代一致，如玉雕观音像、玉雕泗州大圣像。

Q4：您在文章中也提到，后周显德二年（955），周世宗毁废未经国家颁额的寺院，熔铸民间保存的铜像。司马光也曾描述"是时中国乏钱，乃诏悉毁天下铜佛像以铸钱，尝曰：'吾闻佛说以身世为妄，而以利人为急，使其真身尚在，苟利于世，犹欲割截，况此铜像，岂其所惜哉？'由是群臣皆不敢言。"周世宗以佛寺铜材铸行"周元通宝"，钱质与铸量均居五代之冠。根据文献记载，天封寺建于后汉乾祐五年（952），可推知其建成三年即遭遇毁佛事件；根据发掘报告，天封塔地宫出土了涵盖从西汉半两到绍兴通宝的历代钱币，其中数量最多的就是五代的"周元通宝"，约占总数的四分之一。您对天封塔地宫出土的钱币做过专门的研究吗？您认为天封塔地宫文物的时间与上述佛教史上发生事件时间的契合能说明什么问题呢？

A₄：后周显德二年（955），当时周世宗毁佛，但吴越国建造了大量的铜阿育王塔，我们称之为"钱弘俶乙卯岁造铜阿育王塔"，这种现象应该只是时间上的巧合而已。吴越国的寺庙，都是国家赐额的，建国之前为中原王朝赐额，吴越建国后，吴越最高统治者，历代吴越国王也可赐额，在杭州石屋洞吴越国题刻中，即保留了"新建瑞像保安禅院记"的部分文字。天福九年（944），"吴越国王殿下赐院额名石屋瑞像保安禅院"，为第三代吴越国王钱弘佐赐额。在周世宗毁佛的过程中，吴越的寺庙佛塔建筑没有受到任何影响，仍然按照常规不遗余力建寺造塔，杭州的永明院（净慈寺）规模很大，就是在这一时期开始建造的。所以周世宗的灭佛政策，主要发生在中原北方地区，跟吴越基本没有关联。

倒是周元通宝是用毁佛的铜料铸造的，在浙江确实发现很多。因为当时在北方地区毁佛时，周世宗也是有选择性的，国家颁赐院额的寺院基本保留。没有赐额的寺院，坐拥大量土地和劳动力，后周世宗显德二年（955）对其予以整顿，无论规模大小，一律废除。后周境内废除寺院30366所，废除寺院时，连带将民间保存的铜像全部没收，铸造周元通宝铜钱充实国库，为商业流通增加了大量钱币，为统一战争作物资准备。在整个五代时期，周世宗是最有作为的一个皇帝，显德三年（956）大举征伐南唐，经过三年激战，迫使南唐求和，割让江淮之间十四州、六十四县，纳贡称臣，后周实力大增。显德六年（959）后周世宗出兵北伐辽国，欲收复后晋皇帝石敬瑭割让契丹的幽云十六州，仅四十余日即从辽国手中夺回瓦桥关以南的莫州、瀛州、易州三州及十七县。天封塔地宫建成时间，离周元通宝铸造的时间已经很远了，但是在地宫里发现的周元通宝数量是最多的。这只能表明周元通宝的铸造和流通量非常大，才有大量的实物保留下来，而且周元通宝铜钱做得非常精致，据说用金铜佛像熔铸而成，质量特别好。杭州雷峰塔地宫也出土了一些周元通宝铜钱。

Q₅：宋人罗浚的《宝庆四明志》载："天封院，鄞县南一里半，旧号天封塔院，汉乾祐五年建，皇朝大中祥符三年改赐今额。寺有僧伽塔，建炎间毁于兵。绍兴十四年，太守莫将重修，盖僧德华募缘而成之也，嘉定十三年火，废为民居。"元人袁桷的《延祐四明志》载："天封院，在西南隅，唐通天、登封年间，建僧伽塔，高十有八丈，以镇郡城。汉乾祐五年，建天封塔院……嘉定十一年火，废为民居。皇朝至元二十三年，有司例复建，犹未完。"两记载共性之处在于都确认了先塔后寺的建立，但天封寺早在清嘉庆三年（1798）已不存，经过考古发掘也仅存4座形似僧塔的方形塔基，文献中亦难寻僧人踪迹，其中缺少哪些佛教研究的重要信息呢？会给佛教研究带来什么困难呢？两记载不同之处在于对天封塔地理位置描述的参考系和对嘉定年间的失火年份的定义。请问您如何看待不同史书记载的差异性同发掘客观史实的关系呢？

A_5：寺庙的研究跟佛塔不一样。天封塔是宁波城市的标志性建筑，现在周边全是城市道路和居民区，天封院寺庙遗址目前没有经过大规模的勘探和发掘，所以状况就不清楚了。

南北朝至隋代、唐代及以后的寺院建筑布局处于变化之中，我的老师宿白先生写过不少这方面的文章，如《东汉魏晋南北朝佛寺布局初探》《隋代佛寺布局》《试论唐代长安佛教寺院的等级问题》《唐代长安以外佛教寺院的布局与等级初稿》等，收录在文物出版社出版的宿白《魏晋南北朝唐宋考古文稿辑丛》论集中，我们可以学习参考。早期佛塔在寺院中的位置，南北朝隋代时期，一般居于寺院中心位置，唐代出现重要变化，唐五代以后佛塔不再作为寺院最为重要的建筑，大殿才是供养佛、做法会的中心。所以从目前来看，天封寺仅仅依靠《宝庆四明志》《延祐四明志》上的一些记载，是很难判断清楚寺院布局的。我在宁波博物院举办的"汇流——宁波建城1200周年特展"展厅里面，看到了基本完整的天封塔出土的文物，不仅有唐五代的，还有元代的、清代大修天封塔后用于供养的器物，历史上的天封塔是不断在大修的。对于佛塔的研究，我们也特别要关注佛塔所在的寺院的情况。

Q_6：上述两文献中都指天封塔为僧伽塔，后周世宗本在显德年间毁佛，却在取泗州后钦命天下"凡造精庐，必立僧伽真相"，使僧伽从地方神升格为全国崇奉的神灵，您认为应该如何解释这种反差呢？

A₆：天封塔地宫出土的南宋玉雕泗州大圣像很重要，是戴风帽的高僧的形象。当时后周世宗攻取淮南，取泗州以后，钦命天下"凡造精庐，必立僧伽真相"，这在南方地区有所表现，特别是寺庙里建有僧伽院和僧伽塔，供养僧伽舍利。2003年我从浙江省文物考古所调到浙江省博物馆工作的当年，南京博物院发掘了江苏江阴青阳悟空寺塔基，发现了北宋大中祥符时期的地宫，这个塔曾经就叫僧伽塔。入宋以后，江南地区僧伽的崇拜特别兴盛，我的老师徐苹芳先生也专门研究过僧伽崇拜和一些出土遗物，他早年写过《僧伽造像的发现和僧伽崇拜》一文，结合历史背景，作了系统的研究，认为僧伽的形象出现在宋代。

我认为目前僧伽的形象，最早出现在吴越时期。上海有一个松江方塔，方塔的地宫是北宋中期建造的，地宫中出土了金铜卧佛像和僧伽像，都是吴越国时期铸造的，因为僧伽像的底座，与金华万佛塔地宫出土的金铜地藏菩萨像的底座完全一致，为唐宋之际吴越国时期铸造。僧伽的形象可以与后周世宗当年攻取泗州及后代的文献记载相对应。我们在温州白象塔也发现过僧伽的形象，我们自己馆藏的瑞安慧光塔也有僧伽像，有明确的题记"泗州大圣普照明觉大师"。浙江出土僧伽像是比较多的，天封塔出土的这尊玉雕像非常精美。

Q₇：林士民先生的《浙江宁波天封塔地宫发掘报告》中写共出土21尊佛教造像，分铜、石、金、铁4种，8类；铜造像13尊，分4类。天封塔地宫出土银殿以阿弥陀佛、观世音菩萨、大势至菩萨构成主殿弥陀三佛，铭记言"阖家等制造浑银地宫，三圣佛像、阿难迦叶共五尊……一切受苦众生，齐沾利乐"。您有分别对这些现存的佛教造像进行研究吗？这些造像能给吴越国区域和天封塔个例的佛教研究带来哪些新的启示呢？

A₇：我们对天封塔地宫出土的这些佛像作时代判断，最主要的就是吴越时期，以吴越国时期的金铜造像为主。根据发掘资料，还有两尊吴越国时期的铁像。南宋的造像主要以石质或者玉质为主，玉雕僧伽像，毫无疑问是一尊北宋末年或者是南宋初年的造像。还有一尊玉雕观音坐像，是玉雕像中体量较大、较为精美的，还有两件玉造像，一件是迦叶，一件是阿难，应该也是南宋时期的。

按照质地分，铜像和铁像主要属于唐、五代，玉石像主要属于南宋时期。2021年3月我到宁波博物院观看"汇流——宁波建城1200周年特展"展览，有很多天封塔地宫出土的重要文物都在展出，我第一次看到，并与宁波博物院李军院长作了充分的交流和研讨。我在展厅中最大的发现是一尊太子诞生的像，这尊像很有特色，有一个很小的六边形底座，说明牌上说它是铜的，但我怀疑会不会是木雕金漆的，因为这尊太子像出自地宫，最晚年代一定是南宋初年。我马上想起来我发掘的杭州雷峰塔，出土的两座银阿育王塔山花蕉叶上，錾刻有太子诞生图像，一手指天、一手指地，与宁波天封塔地宫出土的形象几乎一致。所以宁波这座像的年代，大体可以判断为吴越到南宋时期。佛教造像中，一般佛像和菩萨像的数量比较多，太子像和僧伽像数量少，而且出现的时间要相对晚一点。地宫里发现了统一新罗时期的两尊金铜造像，这在过去的考古中也是很难得的。

第七章

各有所长：文史爱好者

一、周光磊

公众号"宁波人物"
联合创始人兼市场总监

Q₁：您当时是怎么想到创办"宁波人物"这样一个平台的？

A₁：我们每个人的内心都对生活有不同的追求，很多人的轨迹可能是毕业后找工作、买房买车、赡养父母、培育子女，在生活既定的轨道里前行。我们早一步，在 30 多岁的时候就觉得自己的生活应该有所改变，应该做一些更有意义的事情。所以在 6 年前，我们创办了"宁波人物"，给这个平台注入自己想要追求的、有价值的东西。你看到的街巷里也好，宁波的老故事也好，公益的或者是维权的，能在这上面看到很多正能量，也能结识一帮本土社群的人。之后的几年，我们连续被评为宁波市自媒体的前十强，我们服务很多中小微企业，也跟很多的市民朋友打交道，成为百姓和政府沟通的桥梁。

Q₂：您写了《老底子宁波人》一文，文中在讲到"三角地"时引用了宁波地方历史研究学者周东旭"宁波有天地双塔，宁波的街巷组成了 7 层地塔，三角地乃宁波地塔之龙舌尖，天塔就是天封塔"和宁波文物保护专家王介堂先生"最奇妙的是天下宝塔多分七层，即所谓'七级浮屠'是也，而'地塔'亦分为七塔，且都有桥梁作为梯级相通"的论述。您在平台运营和历史写作的过程中也会去咨询地方文史专家吗？

A₂：是的，写这样一篇的稿子来来回回花了我一个多月的时间，去跟大家探讨一些东西，我只是追求自己想要的答案，想把它记录下来分给别人看。我小时候就住在天封塔下面，当年我爬上天封塔的时候，基本能够把宁波城一览无余，然后随着时间变迁，很多老房子都被拆掉了，我回过头去登天封塔，发现完全看不到了。但这些我没有去写，三角地才是我关注的部分。我通过一些朋友找了 20 世纪 90 年代、80 年代、70 年代甚至更往前 100 多年的图，不管哪张图里都有一块地方叫"三角地"，这很神奇，我去问了学者朋友，才知道这块地原来和风水有关系，有天塔也有地塔。哪怕城市规划变革，规划者可能也考虑到了风水因素，没有随意去动这块三角地。我对三角地的街巷有非常深刻的记忆，想把这些记忆记录下来，又采访了住在这些老街巷里的朋友，构成了这一个个的故事。有些写过的东西因为照片版权问题现在被我们删掉了，比如《宁波的历史》《城市里的日月双湖构成明州》。宁波到现在也有日湖、月湖这两个湖，但日湖已经是人工湖了。现在在三角地不远处还立着一块"日湖遗址"的石碑，我小时候就住在那个地方的附近。

Q_3：您在成长的过程当中，有没有关于天封塔的特殊印象或者故事？

A_3：20世纪90年代到21世纪初的时候，天封塔被围在一个院子里，进院子就要收两块钱，我小时候觉得院子不好玩，所以不怎么去。但后来我发现，进院子后有一个很有意思的收获，院子里有一个鱼池，里面有投币的地方——小孩子都比较爱观察——我发现很多硬币没有投准，滚到了草丛里面。我每次捡到硬币的钱都远远超过了门票的价格，天封塔就变成我小时候缺钱要去的地方。但现在水池已经填平了，院子变成禁毒公园，我觉得这个东西很不伦不类。

Q_4：您在另一篇文章《宁波十一中，学校不再，回忆永存》中描述："出校门右拐的弄堂，好多同学就住在这条细长的巷子里，可以看到直接通向天封塔，也是十一中练长跑的专用通道，那时候会经常看到穿着蓝色校服的学生长队绕着学校外围墙跑步，中途各路口还有监督的老师。"您作为宁波十一中校友会的发起者，经常组织一些校友聚会，大家会讲关于天封塔的老故事吗？

A_4：现在校友会里年纪最大的有八九十岁，我们也在聊天，讲以前的老故事。住在天封塔周边的居民都知道天封塔不远处有一口井，水还比较清澈，20世纪八九十年代时，当地居民还都在用这口井里的水，水里还有天封塔的倒影。21世纪初，这口井被规划掉了，把当时的街巷图拿出来才可能看到。

Q_5：中国中外关系史学会会长耿昇教授讲到法国人在《中国出口贸易实地考察》中描述道："中国最美的宁波城……具有大量的历史古迹。其中最引人注目的……名为敕封塔（即天封塔）……在塔壁上发现了法国三帆阿尔克梅纳号上多名海员题画的名字，该船曾于前一年访问过宁波。"我们在修缮过的地宫墙壁上并未发现有刻画痕迹。请问您了解塔壁上的题画吗？

A₅：有一年我们写了一首说唱歌曲，拍成了音乐短片，就叫《宁波》，把宁波的文化内容用一首歌的形式记录展现出来，还在市里面的年会上登台表演。里面有一句歌词叫"一定要去／古老地标／天封塔／塔壁有法国商船船员题画印记／这是／海上丝绸之路起点的古迹"。我曾特意带我女儿登塔去找过，还去博物馆里看挖出来的东西，但是还没找到实物痕迹。

Q₆：您一直住在天封塔附近，有感受到周围历史文化街区的变化吗？

A₆：我知道郡庙天封塔历史文化街区。城隍庙本来是浙东的一个文化娱乐中心，在大修的过程中遇到了一些问题，使得工程搁置了很久，拖到后面重新开放时就失败了好几次。我以前写过一篇关于城隍庙的稿子，写到城隍庙以前是宁波庙宇文化和市井文化的发源地，这里有说评书的摊、露天电影、溜冰场，还能借小人书，是市中心的黄金商圈；后来兴起破除封建迷信的群众运动，菩萨们被抬走了，大庙衰败了；然后又重新兴盛，走书的、平话的、耍猴的、演戏的，城隍庙成了宁波人最早的游艺乐园；再大修民乐剧场，很多老一辈的不愿意搬走，各方面做了很多工作，把民乐剧场搬到县学街，才有了今天的城隍庙，但早就没有十几二十年前的热闹了。现在的庙街文化像是一种口号，这种文化在老百姓心里已经消失了。很多老宁波人本来对城隍庙还是非常有信仰的，目睹它从繁华到萧条后，有一种忧伤感。以前城隍庙步行街被称作"小香港"，但是这些年因为线上电商的兴起、庙宇拆迁店铺也搬迁、南塘老街开放吸引走了一部分人流等原因，城隍庙已经落寞了。

Q₇：您对天封塔下、城隍庙里卖的食物还有印象吗？

A₇：油炸鹌鹑、牛肉锅贴、牛肉面，还有缸鸭狗的豆沙圆子。20世纪90年代末要搬迁，缸鸭狗生意不太好，就想把品牌登报出售掉，当然现在品牌还在。炒货店还会放一些瓜子、花生、蚕豆。还有一种"粽子糖"，拿透明袋子装着，五颜六色的，做成一根根或者圆饼形状的，一包里面有10～20

155

颗糖，卖2～5角钱，那个年代没有爆米花，去旁边的剧场看甬剧，就买一包这样的糖。后来能买的东西多了，零食多了，包装也正规了，就很少能见到了。那时的这片地方是文化生活的大杂烩。

Q$_8$：天封塔有很多传说，您怎么看这些非物质的文化遗产同塔及其周边环境实体的关系呢？

A$_8$：这个东西其实很有意思。如果现在天封公园把禁毒的内容去掉，然后把民间传说重新收集和建立起来，在旁边竖一些碑，把传说故事写下来，再带上导游进去讲，这才会有意思。一直照现在这样发展下去是不可能再现当年辉煌的。抖音上有一些朋友在做传说故事的视频，但他们是为了吸引流量，东说两句西讲两下，跟我们做的事情又不太一样。我觉得夸张地说出来还挺好的。比如导游一讲塔里有以前法国通商船员的刻画痕迹，肯定能提起大家的兴趣，我也是出于这个原因才去登塔的。

二、水　银

宁波地方文史爱好者
热衷收藏宁波老照片、老地图等

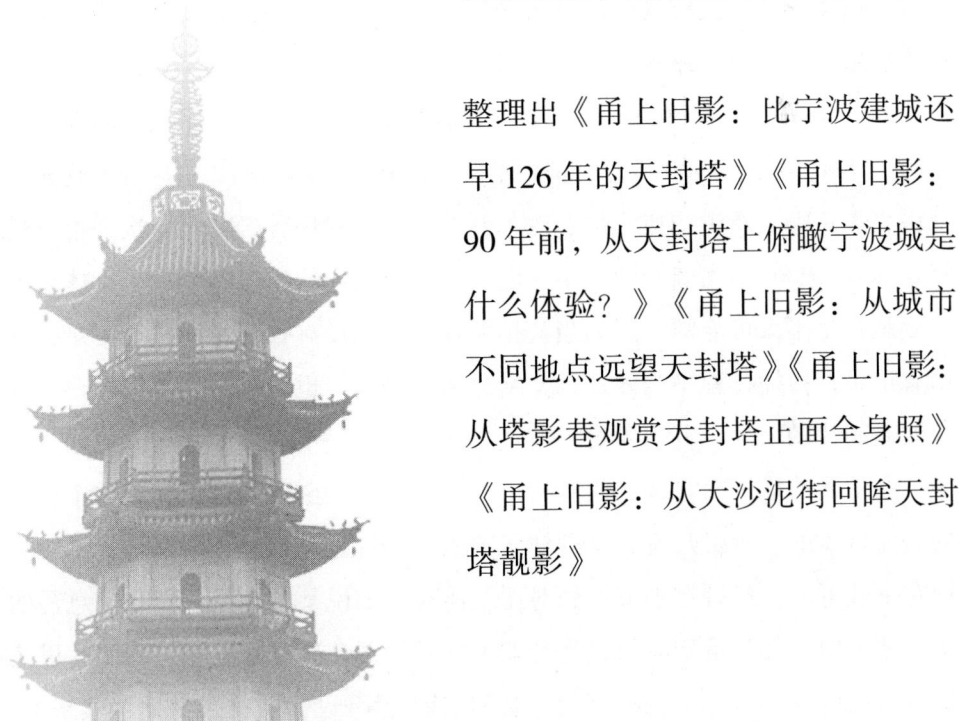

整理出《甬上旧影：比宁波建城还早126年的天封塔》《甬上旧影：90年前，从天封塔上俯瞰宁波城是什么体验？》《甬上旧影：从城市不同地点远望天封塔》《甬上旧影：从塔影巷观赏天封塔正面全身照》《甬上旧影：从大沙泥街回眸天封塔靓影》

Q₁：您以前有没有登过天封塔？您印象中的天封塔是什么样的？

A₁：最早登塔大概是在20世纪70年代初，我还在上初中的时候。那时天封塔就像老照片里一样，光溜溜的，高层外面没有护栏，人们可以从塔里探身出去。宁波城市也不像现在这么大，我站在天封塔顶可以看到郊外的景色，绿油油的，很漂亮，这给我留下很深刻的印象。后来再去，印象都不深了，毕竟旁边的高楼建了以后，视野就没那么开阔了，很憋屈。

Q₂：您的"甬上旧影"系列收集了不同角度的天封塔，有没有按照年代排列，以文字的形式梳理它的外观和周围建筑变化？如果有的图像没有写明具体信息，您会如何去研究？

A₂：基本上有大致的年代脉络。比较早的是1870年前后，这后面1880年的、1890年的、1900年的，都很难区别。到了民国，周边地区的变化相对来讲更大一点。新中国成立后、改革开放前，天封塔曾经修过一次，再以后就是20世纪80年代大修的。年代也只能按照这样的粗线条排列，具体对上某年某月是不太可能的，因为当初拍照片的人也没有很仔细地进行记录，哪怕有记录，传播过程中当照片跟文字分离了以后，也很难判别年代。要识别宁波老照片的信息，首先要对宁波过去的景象有一个大致的了解。比如天封塔，在中国的塔里面算是比较有特点，光秃秃的，全国的塔里面跟这个相似的是非常少的。所以凡有长这种样子的图，不管它是不是天封塔，我都会先把它下载下来，然后在细节上做对比。还有比如说某种房子，图片信息写的是宁波，但其实不是宁波的，我看多了以后就不会在这些不相关的照片里花费太大的精力，基本上一找一个准，就和鉴别老字画的人一样，练出经验来了。

Q₃：有些照片您是花高价购买回来的，那有没有人去购买您整理的照片呢？另外您办过公益性的照片展览吗？

A₃：照片的主要价值体现在图像上，图像的价值往往在于其稀缺性。一般人看过老照片后，可能会觉得有价值，但是不一定为观看付费。比如我花一千块钱买来照片，如果把照片发到网上或者印在书上，看到的人多了，照片的价值马上就下降了。这是一个矛盾，有些照片一旦被分享就不值钱了；但是如果不分享照片，收藏者就只能自己一个人欣赏。我们将近十年前在鼓楼办过一个老城墙、老城门的展览，还有一些灵桥的旧影展览。

Q₄：您是靠自己的力量收集整理照片的吗？还是会跟高校教师合作？相比于高校和官方机构，您认为民间搜集有什么不同的地方吗？

A₄：民间搜集主要靠兴趣，不作为一种职务，也不追求经济利益，所以我与其他民间爱好者会不遗余力地收集资料。相对来说，我觉得民间视野甚至要比高校更开阔。高校里也有老师在专门研究老照片，比如要撰写一篇论文，或者要研究历史上的某一个人物、某一种文化现象，会需要一些老照片，但是这个课题完成以后，更广泛更深入的材料挖掘也就结束了，所以研究者对老照片的持久兴趣可能比民间差一些。2021年是宁波建城1200年，宁波也有高校进行过一些老照片的收集，但是收集的都是表面的、肤浅的东西，没有深入挖掘。英国的布里斯托大学有一个中国历史影像项目组，他们在官网上比较集中地公布了一些宁波照片。实际上英国、美国、法国、日本等国家有不少关于宁波的老照片，但我们的高校实际没有充分利用国外院校的图书馆资料，他们找到的都是我们民间收藏者早以前就找到的，是比较普通、比较基础的材料。美国哈佛大学燕京图书馆有杜维德相册，杜克大学藏有很多甘博拍摄的老照片，这些都是我们已经找过的。我们现在感兴趣的是我们没有找到的，或者说图书馆出于对资料的保护没有公开的，以及还没有完成整理的最原始的影像。

Q₅：您自己会去看古籍、地方志等，把照片和文献对应起来进行历史地理研究吗？

A₅：我已经出过了很多书，有《人杰地灵：东钱湖旧影史话》《仁山智水：东钱湖地图史话》等，算是对老照片研究的专著或者是专门的普及性读物。我把自己收集的一些照片、地图都用进去了，这些资料也可以作为一种研究史料的途径。以前我们研究历史所依傍的主要是书籍和碑刻，别的地方同样也经历了晚清、民国、共和国的这些变化，但不同之处在于宁波开放比较早，有好多外国人对这个城市比较好奇，拍了不少照片，这些照片在100多年以后，也变成了我们可以依托的历史史料，这是我们宁波相比于其他地方的优势。宁波研究老照片的人不是特别多，杭州和上海做相关研究的比较多。要做研究，首先要收集到足够数量的照片，我们现在对宁波老照片的搜集工作还远远没有完成，所以也没有学者去关注这方面的问题，只是偶尔蜻蜓点水地提及。像我这种草根性质的人，收集了很多宁波老照片，但图像的出版费非常高昂，可能是我个人承担不起的，如果地方政府足够重视，我手里的这些图片是地方历史研究非常好的资源。

Q6：您认为除了官方力量，民间应该如何推动地方文化宣传呢？

A6：我觉得有官方推动就够了。年轻人也好，我们广大市民也好，主要还是得靠自己的兴趣。不同的人有不同的兴趣、爱好、目的，或多或少都会关注一点历史。我们作为文史爱好者，甚至可以说是对某一个专题有研究的研究者，只是把我们的观点完整地讲出来，包括推理过程、论点依据，然后让历史来检验，或者分享观点以寻求共同爱好者的共鸣。每一个时代面临的问题不同，每一代人关注历史的视角就不同，认识也不同。尽管历史已经过去了，但它不是刻板的，在现代人眼里它是变动不居的。有些人的想法可能贴近历史事实，有些可能仅限于讲述天花乱坠、光怪陆离的故事，但这些都算是历史，看我们自己如何理解。

Q7：您搜集天封塔老照片的流程是怎样的？是先把和宁波有关的都摘出来，然后分门别类整理；还是会以天封塔作为专题，在一个阶段的搜集工作中里只找与天封塔有关的老照片呢？

A7：10年前，我刚刚开始收集老照片，那个时候会把所有老照片都下载到电脑里面，下载以后再按照它的角度特点，逐步按照地点来整理。"甬上"APP里发的文章，基本都是历年来收集整理下来的以电子影像为主的老照片。我也曾经按照专题收集过灵桥的照片。普遍来说，一开始到网上浏览照片的时候，注意不到分类，现在我基本上对宁波市各地方的样貌了解得很全面，比如说这个是老外滩的，那我就把它下载到老外滩的专题里面。如果一下子辨别不了，但我知道它拍摄的是宁波，那么我会先把它分到一个类里面，留给以后慢慢琢磨。

Q8：余德富先生曾任中国摄影家协会浙江分会常务理事。几十年来，他背着相机几乎走遍了宁波的大街小巷、乡野农村、地标建筑、桥梁码头、交通枢纽、古村寺庙等。《甬城记忆——宁波市档案馆馆藏影像档案选编》一书收录了宁波市档案馆馆藏的余德富先生拍摄的 600 多幅摄影作品。您也有收集到余德富先生的照片，您在收集老照片的过程中有没有和摄影家沟通过，或者亲自拍摄一些照片呢？

A8：我听说过余德富，但他应该年纪很大了，我还没有机会认识。我和报社的一些老摄影家、老记者是有联系的。因为摄影技术发展到我们这一代，已经基本上能够分为两部分了，一部分是专门从新闻角度记录事件、风景等；还有一种就是艺术摄影，现在玩摄影的基本上是往艺术摄影这方面走。现在拍照片也很容易，人人都可以拿一个手机拍，我自己基本上不拍的。我感兴趣的恰恰是能够比较全面地记录半个世纪前，某一件事物或者某个工程全过程的照片。

Q9：如果收集到的老照片比较模糊或者是有残缺破损，您会去修复吗？

A9：基本上不去修复，有些照片虽然很破了，但是毕竟有一部分影像在，舍不得放弃，只好把它收起来。但是这个修复就没多大意思，我只要做好保存工作，不让它再继续坏下去就可以了。

Q10：您有没有搜集过年代久远的画作？譬如国外的一些传教士、旅行家、画家创作的绘画作品。

A10：收藏画作会更难一点，画作本身就是万众瞩目的收藏品。我顶多收集电子影像，对实物画作不太关心，因为一张油画就要花掉很多钱。和老照

161

片一样，看到了凡是画宁波的，我就会收集下来。照相机是1839年法国的达盖尔发明的，1850年前后进入中国。所以在此之前，很多老外到中国都是用写生画来记录建筑外观或者自然与人文风光的。

Q11：您搜集了不少存在于国外图书馆、档案馆所收集的书籍里的照片，这会涉及版权问题吗？

A11：这些老照片拍摄已经超过五六十年了，会变成公共的照片。有些网上会写，照片不允许用于商业目的，如果用于学术研究，跟他们联系一下，给对方机构署名就可以，我现在基本上都是这样处理的。如果照片属于实物，会和财产权有关，可能照片本身已经不受著作权保护了，但其实物本身是物质遗产，使用财产需要其所有者同意或支付使用费。如果是私人收藏没有公布出来的，那我们也不能公布，这是原则。

Q12：您有通过老照片去观察周边街区的市民生活状态吗？比如天封塔周围有很多居民楼，居民有各自的生活状态。

A12：这类照片很少，有些属于家庭照片，也有一些特征不明确的无法定性。室内照片跟市民生活实际上是老照片的另外一个研究方向，比如说家具、日常活动这一类的照片，相对来说比较少。以前拍一张照片不容易，居民要是拍照的话大多会到一些室内照相馆拍摄全家福，如果能够把这半个世纪以来各种全家福都收集下来，也能够看出很多有意思的现象。但是这又是另外一个课题，我没怎么花精力去研究。

Q13：您收集天封塔照片的时候有没有什么特殊的记忆，或者遇到过什么困难？

A13：在我收集的天封塔照片里，电子影像更多一点，实物照片很少。现在收集老照片就是可遇不可求，遇到了能够抓住就好，如果非得要挖空心思要拿下多少张照片，也不是那么容易的事情。

Q₁₄：您在一些社交平台上分享老照片，有人评论说您的这些老照片引起了大家的回忆吗？

A₁₄：我比较感兴趣的照片基本上是晚清、民国的。城市面貌变化大了以后，年轻人就对照片没兴趣了，因为照片上记录的东西跟他的生活记忆相距非常遥远，他根本就想象不出过去的场景。比如你看着现代的天封塔，再去对照老照片上的天封塔，会有什么感觉？顶多就是好奇一下，原来天封塔以前是这个样子。这些人无非就是感慨沧海桑田，赞美我们这个时代变化大，赞美城市更新的步伐快。而真正有感触的人，是那些看到过天封塔以前光溜溜的样子，又看到20世纪80年代以后大修的样子，又能和现在经历过几次小改建的天封塔模样做对比的人，这种人现在已经慢慢变少了。

Q₁₅：您自己在搜集照片的时候，看到一百多年以前的宁波和现在有这么多不同，有什么感受呢？

A₁₅：这个东西像拆迁一样。假如你是住在老房子里，你巴不得拆迁。如果你是住在外面的人，你就觉得这个老房子很有味道，应该保留下来。因为立场的不同或者生活状态的不同，你的积极感受对别人来说可能是一种痛苦。反过来也可以说，如果老照片上的景象100年都不变，是一件好事还是坏事都很难说。我觉得老照片可以作为一种记录，记录我们来时的足迹，我们年轻时的模样，这样就够了。你非要说老东西拆了多可惜怎么样，我都觉得不是太合适。因为历史总要进步，城市总要更新，老房子总是要淘汰的，旧的生活方式总是要改变、要告别的。我们不能对着老照片，总是说过去如何好，把自己限制在旧的思维当中。我主要还是从时代变化、生活变迁，从记录历史的角度来认识老照片的价值，来认识老照片本身所蕴含的有关过去年代的社会信息、生活信息或者时代信息，仅此而已。

Q₁₆：您对老照片进行过图像学研究吗？比如从图片内容去描述，再把主题联系起来，最后揭示照片内在的含义，发现它的象征价值，这样逐层深入。

A₁₆：这个实际上只是多看了以后会多出一种感受。比如以前我记得有人说，从老照片上看，房子破破烂烂、街道垃圾成堆，中国人的精神面貌都很颓废贫穷。但是从我们宁波的老照片上看，我们这座城市很整洁，自然环境很优美，人的精神面貌也很好，我觉得100多年前的这些老照片所反映出来的社会面貌，总的来说能让人感到一些慰藉：原来过去生活未必有那么糟糕。

Q_{17}：您好像之前做过一个海上丝绸之路的老照片讲座，您觉得天封塔和海上丝绸之路有什么联系呢？

A_{17}：我是觉得没什么太大的联系。可能有些人研究后认为，天封塔相当于宁波城市的制高点，从甬江上也能看到，所以可能有导航的功能。我觉得比较牵强，因为一座山对航海的人来说也有导航功能，他可以通过辨别这座山来看现在在哪里。天封塔只是因为它高，并不是为了导航而建造，就像那座山并不是为了人们导航才从地上长出来的，不能把前后因果给颠倒了。

Q_{18}：您现在会带家人或者朋友去登天封塔吗？

A_{18}：现在不怎么去天封塔。这涉及我们历史建筑到底该怎么保护的问题。天封塔的落架大修妥当不妥当是一个话题；只保护了它的本体，而没有保护它周边的环境，这也是一个话题。这些话题涉及区域的吸引力。过去灵桥和天封塔一样，也是宁波的地标，我们也很爱护它的，但是我觉得这个爱护的方式不对，灵桥是拱形的，可我们又在灵桥上游修了大大小小的拱形桥，你说这到底是向灵桥致敬，还是要把它比下去？因为现在桥的体量越来越大，同样的拱形桥放在一起，灵桥就显得很矮小，这是对灵桥的不尊重。现在天封塔只是保留了它原来的外观形象，连里面的砖之类的东西都已经被换掉了，周边又搞得那么局促，塔反而像是一个障碍物。

附文1：

宁波图像集参考

（不完全统计）

[1] 哲夫：《宁波旧影》，宁波出版社，2004年．

[2] 宁波市规划局：《图说宁波：城市变迁与展望》，宁波市规划局，2012年．

[3] 宁波市档案馆：《〈申报〉宁波史料集》，宁波出版社，2013年．

[4] 宁波市档案馆：《地图上的宁波》，中国地图出版社，2017年．

[5] 宁波市历史文化名城保护研究会：《名城宁波历史图典》，宁波出版社，2019年．

[6] 宁波市档案馆：《甬城记忆——宁波市档案馆馆藏影像档案选编》，宁波出版社，2021年．

附文 2：

国外作者出版天封塔旧影与史料参考

（以国内的、最新的版本为主）

[1] 施美夫（George Smith）：《五口通商城市游记》，北京图书馆出版社，2007年.

[2] 海伦·倪维思（Helen S. C. Nevius）：《我们在中国的生活（中国研究外文旧籍汇刊·中国记录 第一辑）》，广西师范大学出版社，2009年.

[3] 罗伯特·福琼（Robert Fortune）：《两访中国茶乡》，江苏人民出版社，2015年.

[4] 约翰·汤姆逊（John Thomson）：《中国与中国人影像》，广西师范大学出版社，2015年.

[5] 杜德维（Edward Bangs Drew）：《晚清中国的光与影：杜德维的影像记忆（1876—1895）》，北京时代华文书局，2017年.

[6] 恩斯特·柏石曼（Ernst Boerschmann）：《西洋镜：一个德国建筑师眼中的中国1906—1909》，台海出版社，2017年.

[7] 丁韪良（William Alexander Parsons Martin）：《花甲忆记》，学林出版社，2019年.

[8] 恩斯特·柏石曼（Ernst Boerschmann）：《中国建筑艺术与景观：1906—1909，穿越十二省之旅》，北京时代华文书局，2019年.

[9] 美魏茶（William C. Milne）：《在华生活》（Life in China），G. Routledge & Co.，1857.

[10] 戴利夫人（Mrs. De Burgh Daly）：《一位在华的爱尔兰女人》（An Irishwoman in China），Kessinger Publishing, LLC，2010年.

附文 3：

国外存有天封塔旧影与史料参考的数据库

（不完全统计）

[1] 美国南加州大学（University of Southern California）电子图书馆

[2] 加拿大皇家 BC 博物馆（Royal BC Museum）官网

[3] 英国布里斯托大学（University of Bristol）HPC 官网

[4] 日本东京大学（The University of Tokyo）建筑学官网

[5] 加拿大传播学会（Canadian Communication Association）官网

[6] 哈佛大学（Harvard University）燕京电子图书馆

三、孟祥宁

视频号"DEEPIN 宁波"创建人

Q₁：您是宁波人吗？如果是，住在天封塔附近吗？在小时候是否留意过或听家人提起过天封塔呢？在成长的过程中又对天封塔留有哪些特殊的印象呢？

A₁：我是宁波人，小时候住在鼓楼附近，虽然距离天封塔也不远，但我们这个年纪的人从小的生活圈子不大，在整个城市里的生活就是点和线之间，天封塔不在我的点和线上，其实平常是很少会去到这个地方的，我从小的活动轨迹范围大多是从鼓楼往北走的方向。天封塔在宁波算是比较地标性的东西，大人们有时会说到，所以我对天封塔一直是一种朦朦胧胧的感觉。我在宁波读书的时候，学校没有组织过去天封塔，但是我老婆的学校当时在南边，就是往江东方向那边，她们组织过去天封塔。我们去得最多的就是镇海的招宝山，还有姚江公园，现在姚江公园估计都拆完了。毕竟小时候出去玩不是我能选的，都只能是大人带着或者听学校安排，天封塔在我小时候的游玩清单里面是没有的。我印象最深的就是我妈总是说"天封塔有几个能背"，形容一个人身体好或者类似于大病初愈的状态。举个例子，我说自己今天不舒服，但是别人看到会说，你这个样子不像在难受的，你"天封塔有三个能背"。

Q₂：随着您个人的成长和这些年宁波的城市发展，您对天封塔的印象有没有发生变化呢？

A₂：在我的印象里，天封塔开放状态，跟现在社会的开放趋势是很接近的。首先，因为在我小时候的印象中它只有个名字，知道宁波有一座天封塔；后来我的生活圈子慢慢扩大了以后，城隍庙步行街造好了，去城隍庙步行街可以隔着围栏看到天封塔，那时候我感觉天封塔是被围在里面的；等到自己能开车了，我从大沙泥街开车过来，会发现原来天封塔就在街边，离我越来越近了；再到后来，那天我为了拍视频，去到实地的时候，我才发现天封公园是可以随便进的。据说以前天封塔是被院子围起来的，进院子就要花钱。毕竟我们这一代的生活时间也就是刚刚改革开放以后到现在，我觉得塔的开放跟整个社会、整个宁波、整个中国的开放特别像。还有一点，我小时候一直觉得天封塔特别新，我不觉得它是座古塔，旁边的城隍庙步行街也是新造的，老的郡庙又在旁边，一对比就会产生它们不是同一批产物的感觉，我还是对鼓楼旁边天宁寺那座唐塔有比较古老的印象。

Q₃：请问您起初创建"DEEPIN 宁波"视频号的契机是什么呢？

A₃： 最初的想法只是想让自己能够更了解自己的家乡，感觉世界博览得再多，张嘴闭嘴某某地方、某某国家如何如何，但说起自己的家乡却知之甚少，确实有点惭愧。我上大学时带同学来宁波，我真的说不出宁波有什么景点，我最喜欢跟他说的一句话就是"宁波市区里没有什么景点，没有什么可逛的"。你想想看，总不能人家来玩，我带人家去天一阁看书吧，也不能指给人家"看，这是鼓楼，这是三江口"吧。所以我们白天睡觉，最多逛一逛天一广场，晚上去外滩喝酒。当时我并不觉得这样有问题，反而还觉得挺潇洒的，但是我的朋友走了以后，我自己会想这件事情，越想越惭愧，就想自己了解了解，因为宁波有很多路名挺有趣的。正好短视频比较火，这时候脑子里不自觉地出现了"deep in"这个词，索性就做了视频号。我是想让自己先知道这些事，然后让更多的人知道。

Q₄：您的第一条视频里说在创办视频号之前，您经历了 4 个月的筹备过程，在这 4 个月里您做了哪些工作呢？

A₄： 最多的是计划安排。因为我平常要上班，做这个事情纯粹是用业余时间，我要做主题选择、框架构思、素材收集、文案撰写、配音、剪辑……这么多事情。所以我不能想到一个地方才去一个地方，尤其是远一点的地方，一个点我会至少讲两三期，不然对不起我跑那么一趟。最初我去拍罗城内的东西，会把灵桥、城隍庙、药行街这一片东西都拍掉，这些内容还比较好找，而且我自己也有记忆，时间久了以后，认识的人也多了，能够向我的粉丝请教一些延伸出来的问题，很有帮助。我个人比较喜欢有计划的感觉，虽然有时候会穿插一些临时想到的内容，但不会跳得太远。目前我是沿着地铁线走，到一站可以一口气拍好几个视频，这样可以囤够一个星期的更新量。其实在我第一条视频发出来之前，我就已经准备好一个星期的内容了。

Q₅：请问您是怎样坚持将视频号运营下去的呢？坚持日更应该是一件很不容易的事。

A₅：最初我就有心理准备，这种历史文化类的内容不像帅哥美女一样能爆火，我的初衷也不是把它当作赚钱的副业。有很多粉丝私信问我，有没有想过用别的办法吸引流量？我回复说如果不想换形式和内容，你有没有别的办法建议给我？对方就不回我了，他们可能也没有想好，或者因为我已经表态了，他们觉得我不会做他们想做的素材，比如很多人会找我去做探店，但我说我不会去做这类内容，而且我这个年纪也不适合说"大家好，速来某地，吃牛排只要9块9"这种话了，我不习惯做这种事。我觉得有兴趣是做好任何事情的前提，有了兴趣才会去了解，去思考。因为我并不是研究文史资料或者考古这一行里的，所以选择的角度会比较偏向游客和普通人。以前我会去书店、图书馆看书，但是现在我会去天一阁查资料。本来我觉得天一阁是藏书的地方，像展览馆一样，进去大不了看看江南园林对不对？但是我做徐戎路，查戎家资料时，发现戎家历史上有个大官，就是吏部尚书，但网上查不到这个人，我就想去天一阁查一下戎氏族谱，正好我有个朋友在天一阁工作，帮我约好了，我真的查到了族谱，发现了历史的时空交集会很兴奋，感觉自己非常厉害，得到了亲自解决疑惑的快感。这也颠覆了我的认知，天一阁里70%的古籍资料都是可以免费看的，都是影印的电子版，大家只要拿身份证登记一下就能进阅览室查阅。保持日更也是为了不让自己松懈，因为毕竟有时候旁边的个别的声音，会不断地动摇你，说你粉丝不多、播放量也不高，做它干嘛，所以需要自我管理一下。而且我身边有源源不断的素材，我沿着宁波地铁1号线做视频，已经做完200多期了。我们家在地铁4号线上，4号线是从慈城到东钱湖的旅游路线，按现在的进度来讲，我算过讲到我们家得在2年以后。我现在越来越喜欢去做视频了，有了兴趣之后，会发现很多东西都是相通的，纵向地、横向地拓展出很多东西，我想带领女儿使用这种方式学习，而且我也想给我女儿留下点东西。

Q₆：在家庭教育中，您会和您的女儿去讲这些文化遗产吗？

A_6：周末我有时候带小孩出去溜达，就专门会挑那些我正好准备去拍视频的地方，然后顺便给她讲一讲。我觉得兴趣很重要，如果你对一个地方有兴趣，自然而然就会去看的，看了之后你可能会发现我说得不对，但是你自己能明白对的或者另外一种情况是怎么样的，就会自己去思考；如果你没有兴趣，我跟你讲再多也没有用。要提起别人的兴趣，最简单的方式就是回忆跟共鸣，还有妖魔鬼怪也很抓人眼球。

Q_7：您和粉丝有什么有趣的互动吗？

A_7：有个导游，说他们导游圈，至少有五六十个人关注了我的号。干导游这行的职业敏感度很高。他问我下次要去哪，文案发他一下。我倒觉得无所谓，因为历史不是我的历史，传播开价值更大一点，他们要，我可以给，没问题。但有个人直接盗了我的视频，把里面的声音变了个调，背景音都没变，内容更是完全一样，这让我觉得很受冒犯。

Q_8：在《天封塔：我霸占C位一千多年》中，您记录了自己登塔的过程，请问您登塔的感受如何呢？作为游客，如果地宫、高层观光台开放，或依托塔体空间展陈地宫出土文物，您有什么期待吗？

A_8：那是我第一次登天封塔，但我绝对不会再去登第二次了，太累了，尤其是后面两层，不是因为高，是因为不好走，楼梯已经没有直角了，走的人多了已经变成圆弧形了，空间也又窄又小，人会紧张，我腿都发抖了。而且天封塔是塔，不是楼，没有平台可以用来远眺，层数越高窗户口越小，墙是有厚度的，窗户口又是很小的一个洞，我当时是拿着云台相机把手伸到外面去拍的，感觉就像城墙上面女墙的洞似的，人像是被关在笼子里，没法呼吸新鲜空气，这可能也是曾经的一种修行吧，我觉得体验过一次还是比较值得的。我自己在做视频的过程中也有去想，为什么古代人站在天封塔上可以看见海，因为当时确实空气好，周围也没有这么高的楼。查资料的时候我就发现，古籍上对地点的定位很神奇，比如书上写某某桥下或者某某桥左，但你如果是真到这个桥下面或者桥旁边去找，肯定还要有点距离，因为古代建筑密度小，中间的地段都可以忽略，古代的距离感其实跟我们现在不一样。

Q_9：在《甬城第一高度天封塔，你要说不藏点宝贝，怎么好意思耸立千年》中，您开篇就讲述了老石匠斗恶鳖的故事，也引用了考古报告和文献记载、博物馆的文物照片等。请问您还听说过其他的民俗故事或民间谚语吗？您怎么看这些非物质的文化遗产与史实、与物质实体的关系呢？

A_9：在天封塔的民间传说中，现在热度最高的应该就是老石匠的故事。你不要觉得非遗都是虚构，很多事情在史书上有记载，是真实发生过的，但古人经常会把一件正常的事情披上高贵的、神话的外衣，说得很玄乎，肯定有冠冕堂皇的目的，比如天封塔建塔保平安，这样的目的性就让传说故事有素材可讲。《朱氏宗谱》中有记录，《镇天封塔宝丹藏贮石匣原记》是说南宋建炎年间有个范铨居士获得了世外高人赠送的一粒仙丹，自己服用可以长命百岁，留在家中能保全家平安，范铨觉得应该保一方平安才是，他就悄悄地把仙丹放在天封塔上；《塔顶放光》是说1732年乡士朱世烽主持大修天封塔，八月十五日开建福国祐民道场，天封塔塔顶放出一道直透上苍的祥光，第二年修到第四层塔，拆出了南宋那只镇塔宝丹石匣，为了继承范铨居士的遗志，就还将石匣放在原处。镇塔宝丹、塔顶放光被赋予故事性的意义，是有利于传播的。因为如果我单纯地告诉你，某年某月天封塔的塔顶亮过，大家肯定早就忘记这件事了，但我跟你讲塔上有一颗仙丹，这个宝物现在还找不着了，大家的兴趣一下就被激发起来了，这个塔和观众、和当地人就能产生文化情感上的共鸣。这就是历史有趣的地方，毕竟历史也是人带着自己的价值观写出来的，不会百分之百客观。我写视频文案的时候会尽可能多地找资料进行对比，还可能加上我自己的理解和艺术加工。所以我觉得故事的传承很重要，但不能指望几百年后传的还是完完全全相同的信息，只要传下去、有人在听，那这类非物质的文化遗产就是有存在价值的。

Q_{10}：宁波儿歌"天封塔，十八格"，我们在天封社区的采访中发现，有人讲"上十三下五"，有人讲"上十一下七"，与目前官方说法中的"七明七暗""共十四层"不同。您在视频的结尾也提出过这个问题，请问您后来有了解到出现各种说法差别的原因吗？

A_{10}：天封塔塔高18丈，我还特意去查过"丈"在宁波话里是不是念"格"，如果是的话，"十八格"就是指天封塔的高度。但宁波话中"丈"并没有"格"的发音。因此，我有两种理解，第一种比较敷衍：比如宁波话还有"南乡十八埭，东乡十八隘，西乡十八垄"，"十八"是个虚指，并非只有十八个地方。第二种是：《四明谈助》记载有"元僧梦堂昙噩记云：上之即位三年，天封塔既饰，高凡一百八十尺，为七成，七下两成，因其旧，其上则撤而新焉"，其中的"成"是"成功"的"成"，我觉得"一成"是"一明一暗"，这么算出来是地上十四层，地下还有四层，目前这种说法官方认可度比较高。现在各种说法流传，是因为现在没有人能说清地宫到底有几层，天封塔屡圮屡建，现在的地宫并非原始的地宫。但是，这种悬置的、不确定的、非原则性的东西反而能吸引人，我觉得如果这能成为一种宣传方式，是利大于弊的。

Q_{11}：在视频《除了耸立的天封塔，在宁波有一座躺在地上的"地塔"》中，您讲到县前街、小梁街、大梁街、郁家巷、新街、县学街、寿昌寺巷构成了"地塔"的塔身，寿昌寺巷和纺丝巷中间的部分构成覆钵和承露。纺丝巷对应塔刹的相轮，三角地对应相轮上的宝盖，被填平的日湖代表宝珠……您是怎么想到去做一期地塔视频的呢？

A_{11}：2019年的时候，我们单位的宁波工程学院毕业的一位实习生带我去他们学院图书馆转悠，我看到了一本书，里面讲到地塔，所以后来做天封塔时，我就特地给地封塔留了一期。《四明谈助》里记录的是"纺丝巷第一，寿昌寺巷第二，新寺大街第三，新寺后巷第四，新街第五，大梁街第六，小梁街第七，从形状上推断地塔肯定是存在的，但我视频里的地塔不太一样，是我七算八算重新做出来的。不过有两点很明确：龙舌尖是三角地，就是塔顶，塔顶的宝珠就是现在已经没有了的日湖。有个外卖小哥给我留言，说看了我的视频后感觉宁波的路特别好找。我现在要是在宁波送外卖肯定无敌，毕竟在做视频的过程中对宁波的路已经了如指掌了，不用导航都能找到路。

Q_{12}：在我们街访的人群和视频评论区里，绝大多数人都表示并未听说过您在视频中讲到的有关天封塔的故事，您认为该如何将地方志里的故事更好地传播出去，起到更好的欣赏、教育意义呢？

A_{12}：我觉得应该去思考如何用更好的方式，让大家更了解我们想让人知道的东西。现在，大数据会给你推荐你爱看的东西，但是历史文化类的可能推送不到，因此造成了历史类故事传播的困难。但是我觉得，我们可以通过短视频的形式，把官方的、民间的、哪怕是胡说八道的内容都呈现给大家，至于是真是假，就看观者自己的思考和判断了。比如，为什么"以史为镜，可以知兴替"，如果这个断论不能百分之百让你信服，那你就会怀疑、会困惑、会产生问题，获得辨别是非的能力。况且，历史上有些东西就是这样传下来的，有些东西不一定是真实的，但说的人多了，传到后面所有人都相信了。当然，作为视频的创作者，我还是会尽量多查资料，保证我做的内容的真实性、严谨性，使得传播出去的故事能够起到教育意义。

Q_{13}：如果您带朋友路过天封塔，您一般会怎么介绍呢？

A_{13}：我肯定先讲那些神鬼志怪的故事，在讲的时候我甚至会加上很多的破绽，这让听者觉得这个事情不真实，我肯定是在瞎扯。我觉得这样能提起听者的兴趣，然后再加上一些真实的历史数据，比如说天封塔当年是宁波最高的建筑，而且1000多年来它都是最高的，这可能就会让人疑惑，宁波的经济一直很发达，为什么却一直没有摩天大楼，让人追问宁波的发展史、天封塔在宁波的地位等。我希望能提起别人的兴趣，激发共鸣，让宁波给其留下印象。

Q_{14}：在《塔影巷，天封塔与光影造就的又一"杰作"》中，您提到从塔影巷、寿昌寺巷、城隍庙步行街、大沙泥街各个角度都有绝妙的望塔视线，然而如今随着城市建设发展，天封塔早已不是城内最高的建筑，塔影巷里人烟冷清，区级文保单位卢氏支祠也深藏巷中不为人知。您认为应该如何让老城区中心的这块历史文化街区重新"活"起来呢？

A$_{14}$：核心还是提起兴趣和共鸣，文化自信很重要。兴趣和共鸣的产生是一个很大的话题，并非针对某个街区，或某个单独的地方。如果一个地方突然开放，我觉得会呈现出两种结果：一种是昙花一现，宣传后游客蜂拥而至，一段时间过后大家的热情度就降低了；另一种可能是它的味变了，不一定能传达出老味道了。因此，街区整体氛围的概念很重要。如果单纯做天封塔，我觉得很难做，但是如果把天封塔、鼓楼等这一系列经典串起来，做成一条线路，就会好很多，这也是我前往实地去收集视频素材之后的感受。我觉得现在很多人在视频下方评论"回忆杀"，是因为它能够与观众产生共鸣。天封塔也好、老街区也好，我觉得最主要的就是文化共鸣、回忆共鸣，甚至可能需要整个城市来烘托氛围。如果开放地宫，我觉得地宫的文化介绍、民间神话故事、出土文物的复制品都可以放进去，门口的塔刹可以标注得再明显一些，还可以放一个地图，把周围可规划的线路、每个点之间的联系都建立起来。我做视频的时候从罗城内开始，自己探索出很多文化旅游的线路，我也带朋友走过，感觉非常好。

Q$_{15}$：**您在做这几期天封塔视频的时候有什么特殊的经历或者感受吗？**

A$_{15}$：做天封塔视频的时候，我的学习动力增强了，由衍生出去的话题来汲取新知识是很积极的学习方式。我们小时候的学习环境不像现在这么开放，是由老师在灌输式教学，要顺着"1+1=2、2+2=4"的思路走下去，无法跳出这个框架。但当我自己从不同的角度认识新东西，习惯了这种思维方式之后，对很多事情会产生自己独到的见解，不会人云亦云，不会随波逐流。不单单是天封塔，我整个视频号做下来都有这种感觉。

Q$_{16}$：**您关注过有关天封塔的文创，或者整个宁波城市地标的文创吗？**

A$_{16}$：单纯天封塔的文创我没有关注过，不过整个宁波的文创我接触过，但我不知道为什么对文创提不起很大的兴趣。一个东西至少能够经常出现在我的身边，成为生活中的一个闪光点，让我时常想起它并去使用它，我才会去买。不然冰箱贴买回来只是冰箱门上多了一块东西而已。

Q₁₇：您是觉得文创应该潜移默化地融入生活会更好一些吗？我们之前有搜到宁波牛奶集团在它的瓶子上做了一系列城市地标，其中也包括天封塔，以前大家每家每户都要订牛奶，喝牛奶的时候看一眼包装瓶，这种附着于实用品的图像形式是不是会让人的印象更深刻一点？

A₁₇：我看到过，我觉得这个特别好。而且很多牛奶是拿来给小孩喝的，能让文化从娃娃开始产生影响，我觉得至少比天天什么动漫什么公主的好。我不是说这些东西不好，比如迪士尼是很好玩，但世界上所有的迪士尼其实都长得差不多，有空去迪士尼，为什么不挪一点时间出来了解一下身边的东西？如果一个人连自己的生活周边或者自己的家乡、自己的国家都不了解，是很可悲的。我自己也有过这个阶段，我大学毕业后在国外工作过半年，回来后总是忍不住对比"人家那边怎么怎么样"，后来发现其实也就那样。我希望文创能够影响到小孩子，像故宫庆祝紫禁城建成600年的时候曾经以文创产品掀起一波国潮，我也买了几个小人，放在挺显眼的位置，这种东西真的会让人产生消费的欲望。

Q₁₈：您的视频系列会一直做下去吗？之后有什么新的打算吗？

A₁₈：目前我这个号的内容和形式不会改变，因为这个模式我比较熟悉，也符合我利用上班空余时间做视频的状态。我会去和几个朋友开新号，还是和宁波本土文化结合，但会换一种可操作性和可看性都更高的形式，压缩一些时间，让拍摄和剪辑都更方便。目前想加入一些美食元素，但我不会找个美女一边溜达一边讲，也不会拍成探店那种"想死老铁们"的样子。我们可能会找一些素人朋友，拍出宁波本地文化与外地习俗相互碰撞融合的感觉，体现文化差异。品尝美食是一件很主观的事情，好吃难吃都是自己感觉，所以我们不要随意评价什么东西很难吃，要尊重地域文化差异。比如杭州的饮食习惯其实有一部分是从河南那边带来的，没有海鲜，我给杭州的朋友寄鱼，会觉得又贵人家又不喜欢；他给我寄龙井，又嫌我居然拿自来水泡茶。我们互相看对方不爽，其实这些碰撞都是很有意思的。

Q₁₉：您在互联网行业工作，在做视频宣传的过程中，有想过融入平台思维、跨界思维、迭代思维、大数据思维、社会化思维等互联网思维吗？

A₁₉：之前确实有一段时间想过，但是没有深入去想，因为我更加关注内容，互联网只是一种思维、一种方式、一种手段。这盘菜的关键还是菜，呈现的方式是次要的。我跟一个做软件的朋友聊过这个事，讨论要怎么样才能有更多的人来关注我，让播放量上去。纵使这一问题有许多值得思考的努力方向，但是其核心还是你的视频想传递给别人的内容。比如我们要把街区串起来，就可以加上互联网手段，最简单的是每个地方弄一个明显的二维码，大家一扫就能听故事，或者集满哪些地方的二维码扫描记录就能拿点小奖品，如餐饮券、消费券等，这样也能激励大家去寻找、去了解家乡的各个街区以及它们背后的故事。现在很多历史故事不为人知，很重要的一个原因是这些故事的宣传口径永远局限在这个行当或者这个区域里面的人，官方宣传的口吻文绉绉的，并不能提起大部分人的兴趣，我觉得在于故事讲得不够接地气，哪怕前面讲得土一点，最后给大家梳理或者纠正一下，至少能吸引人的注意力。

Q₂₀：您能说一点对未来宁波文化遗产的寄语吗？

A₂₀：坚持住，我们会找到你。现在宁波很多地方的文化遗产只剩一块碑，有些连碑都没有。但是我一直希望这些文化遗产能够留下个名字，无论被毁坏与否。其实知识都是互通的，文化遗产的知识也是如此。作为个人，只要找到对宁波文化遗产的兴趣和共鸣，一路下去，能收获非常宽广的知识面，体会到宁波文化遗产的乐趣。

Q₂₁：您在用做视频的形式了解与介绍宁波文化遗产的过程中，感触最深的是什么呢？

A_{21}：虽然我研究的是宁波的文化遗产，但是我能够感受到前所未有的文化自信，有一天和朋友聊天，我突然想到一个问题：为什么四大文明古国只剩咱们中国了？因为我们能够正确地看待事物，尊重自己和别人的历史。我们不像别的国家，他们是掠夺式的，而我们是包容式的。哪怕我们被侵略了，外族也先得过来学习我们的文化。中华上下五千年，传承的并不是江山社稷，而是文化。这让我想到了许倬云先生在《万古江河》序言里所讲的，"中国文化真正值得引以为荣处，乃在于有容纳之量与消化之功"，历史发展的每个阶段，"中国都要面对别的人群及其缔造的文化，经过不断接触与交换，或迎或拒，终于改变了自己，也改变了那些邻居族群的文化，甚至'自己'和'别人'融合为一个新的'自己'。这一'自己'与'他者'之间的互动，使中国文化不断成长，也占有更大的地理空间"。

第八章
自出心裁：艺术设计者

一、钱永杰

宁波市江北智高无尚模型设计工作室创始人

用 15000 颗乐高积木，花了 4 周时间搭出 1.1 米高的天封塔

Q₁：您在成长的过程当中有对宁波天封塔留下什么印象吗？周围的街区有什么变化吗？

A₁：由于天封塔地处宁波市中心，所以对于宁波人来说经常会路过。我小时候高楼比较少，听说上天封塔可以看到全宁波的景色，但是我从来没有登过天封塔，一直到我做乐高模型的那天，才想到得上去看一看。天封塔里面非常狭小，如果比较胖的话估计都挤不进最上面那层。

Q₂：您小时候有班里或者学校组织去天封塔进行绘画，或者举办与天封塔主题相关的征文比赛吗？

A₂：没有。经常听老宁波人把天封塔拿来做一个比喻，口头禅里面的有些词汇也会带天封塔，像"可以背好几个天封塔"，是吹牛皮的意思。但是学校很少会提到宁波本地的这些文化建筑。我觉得宁波本地对于地方文化的普及可能相对还是比较薄弱的。

Q₃：那您一开始是怎么想到用乐高搭建古建筑，并在搭好鼓楼之后搭天封塔的呢？

A₃：我现在在宁波拥有一家乐高工作室，专门承接一些乐高方面的商业定制。在全国来说，这一种类型的工作室是非常少见的，最近这几年才刚刚兴起。因为我从小在宁波长大，自己本身又对中国古建筑比较感兴趣，所以我当时最早做乐高 MOC 的时候就选择了宁波的地标进行创作。在市区里面我最常能看到的两个古建筑就是鼓楼和天封塔，它们对于宁波来说是比较有代表性的建筑。宁波鼓楼做出来后外地人感到不可思议，当时我把鼓楼模型带到上海，上海人觉得非常惊讶，问我是不是做错了，甚至觉得这是不太可能存在的一个建筑。而 20 世纪 80 年代末大修的天封塔是一个仿宋阁楼式砖木结构六面塔，造型很有中国特色，搭建起来也比八面塔要难很多，网上有人在做八面塔，但是做六面塔的非常少，所以我想挑战一下。我当时也会在外网上传自己的作品，经常能看到有外国人做他们当地的特色西方建筑，但我们东方建筑比较少见，于是我就选择做天封塔。还有，西方是没有六面塔的，外国人对这方面比较好奇，对于他们来说这就是东方的代表，所以当时我就在想，能不能尝试通过乐高积木搭建六面塔，和全球的玩家做一些文化交流，向西方玩家传达我们东方的、中国的特有的文化。

Q_4：搭六面塔的难度在哪里？和搭八面塔有什么区别呢？

A_4：乐高积木零件的特性是，做西方建筑特别简单，因为有一些专门为西方建筑定制的零件。但要做我们东方的建筑是很难的，像飞檐、瓦片、栏杆、窗户这些零件都是没有的。六面塔比八面塔难做很多，是因为乐高是一个一个颗粒，拼接成六边形以后，要算整数就会非常困难，会错开半个或者三分之一的单位。

Q_5：您是有专门学过古建筑设计吗？

A_5：我并不是学建筑设计的，我原来学的是美术学。开始玩乐高之后，我对于用乐高展现建筑比较感兴趣，所以自己买了很多这方面的参考书，相当于自学。

Q_6：搭建天封塔的环节是怎样的呢？您是先实地拍摄各个角度的照片，回来再结合乐高零件的特性进行创作拼装吗？

A_6：我做东方建筑的时候一般都会先去了解它的背景历史，之后才会去用乐高搭建。做天封塔的时候，我也先去查阅了塔的历史文化背景，然后特意去现场了解整个塔的结构，拍了很多照片。虽然说平时经常路过，但真正做的时候会发现，有很多细节还是想不起来。所以做不下去的时候就会再去一趟，幸亏还离得比较近。

Q_7：那具体碰到了哪些解决不了的问题，需要反复去现场看呢？

A_7：大部分问题出在飞檐。还有，对我来说最大的困难是看不到塔顶。因为天封塔属于文物保护单位，不可以用无人机拍摄，所以只能站远一点去看。还有塔身上现在已经是黑色的部分，其实最初都是镀金的，只是随着岁月流逝发黑了。所以我用乐高做的时候，也尽量按照原来拍摄的样子做。

Q₈：您是完全还原了天封塔吗？天封塔内部的结构您搭了吗？

A₈：我做的就是一个外壳，只是基于现有的零件去还原，而不是重新建模。老祖宗的东西都很精妙，有些内部的东西是没有办法用乐高表现的，至少在我这个体量上不行。而且乐高积木跟传统的木雕还是会有差别的，因为天封塔塔身是逐层缩小的，如果真的完全按照它的倾斜角度来搭，没有办法搭出精确的倾斜角度。所以我是每两层递进一个乐高砖的单位，让人视觉上觉得这个塔下面大、上面小。但其实我们都知道中国塔是个慢慢收上去的梯形，这是乐高搭不出来的。

Q₉：在整个模型的环境设计里，您还拼了一个小桥流水，但现在那边是厕所，并没有水池。这是因为当时的景观确实如此吗？还是您搭建过程中进行了再创作呢？

A₉：当时确实是有小桥流水的，我把它浓缩之后放在天封塔边上。后来可能是官方觉得这个水池不太好养护，就把它填平了。我在把天封塔乐高化的过程中，是有再创作的，现实中水池并没有那么好看。还有，我还把树木做得更茂盛、植被种类也做得更丰富了。现实中那边的树都是深绿色的，有种幽暗的感觉。但毕竟乐高主要面向的群体是青少年儿童，我的目的是让更多的小朋友对中国古文化感兴趣，所以我加了很多亮色的植物进去，包括粉色、亮绿色这种有春天气息的颜色，为的是从视觉上吸引观看者。天封塔明明是宁波的一个地标建筑，底下的公园却叫禁毒公园，我觉得很不可思议，所以我在做乐高绿化的时候，没有写禁毒公园，而是做出了一个我想象中的天封公园应该有的样子。很多元素是现实原有的，我只是做了一些适当的美化和调整。在我看来，市中心这么好的一个地标建筑，不把它做漂亮是件挺遗憾的事情。

Q₁₀：天封塔搭建完成后，您有带它到各地展出过吗？

A₁₀：去上海和山东德州展出过，在宁波的东钱湖，还有之前宁波报社举办的"美好生活节"、宁波人才周，都有展出过。本来在四川也有机会展，但我没去，乐高运过去不太方便。其实相对鼓楼来说，天封塔展出的机会并不是太多，因为每个城市好像都有鼓楼，所以说大家对鼓楼的认知度会比较高，而天封塔就比较小众。

Q₁₁：这个塔是由您独立完成的吗？去各地展览的时候有没有他人配合呢？是通过怎样的方式打包运输的呢？

A₁₁：以前只能我自己去修复和打包，但是现在我工作室的小伙伴们也能够做这项工作了。我们做了一些模块化的打包方式，放在统一的航空箱里面，还原的过程大概要一个多小时。总体来说它很难运输，不能走物流，因为会散，到那边就很难再修复了。去外地展出都是需要专车的，一般是货车，平拿平放就没有问题。

Q₁₂：那您在展览过程中，有没有碰到比较难忘的、有趣的事情呢？

A₁₂：因为六面塔结构的问题，加上我当时玩乐高的水平还没有现在这么高，早期展览的整个塔是比较脆的。我们一开始去布展的时候，经常会遇到拿出来以后碎了的情况。在外地布展的时候修复过好几次，每次都需要花很多时间。原来我们定的计划是用一个多小时的时间修复，但是到后来我们会发现一个多小时还不够，而且每次修完都会多出几个件来，这也是后来我很少去外地展出天封塔的一个原因。如果没有疫情的话，天封塔模型会被韩国济州岛上的一家乐高博物馆买走，那个博物馆是全球比较有名的旅游景点，会收集很多全球知名的乐高作品。当时我都已经跟他谈到具体价格、打包的方式了，但是碰上了新冠疫情，这个作品最终就没有给他们。

Q₁₃：您之后还有打算继续做宁波的其他建筑吗？

A₁₃：宁波的建筑现在已经做了3个比较大的了，短时间内如果有机会的话会再做。乐高成本还是蛮高的，特别是一些古建筑，体量比我们想象的要大很多。我现在在做江南水乡的沙盘，融合了我们江南地区很多水乡的特征，比如杭州小河直街、嘉兴月河、乌镇，可能到时候我也会取宁波的建筑放在水乡沙盘里。

Q$_{14}$：正值宁波建城 1200 周年，宁波博物院推出了一个新展"汇流"，宁波地标性的文化遗产都会在那里展出，您去看过吗？

A$_{14}$：宁波博物院推出的最新的这个展览我没有去看，之前在"东方神舟"展览里的天封塔专区是去看过的。我在参观时，可能会深入了解一些我感兴趣的东西，其他不感兴趣的东西看过就好。

Q$_{15}$：您会在看文物的时候产生用乐高做出文物的想法吗？

A$_{15}$：会的。我们曾去西安秦始皇帝陵博物院，在博物院办公室里近距离观看了修复中的兵马俑，后来做出了乐高兵马俑。包括前段时间做了一把乐高的中国唐刀，也是去杭州刀剑博物馆之后，产生了这个东西可以用乐高做一把试试看的想法。还有我之前用乐高做的山西无梁殿，是我到五台山旅游的时候，无意中路过，发现这个中式建筑与众不同，有点中西合璧的感觉。后来仔细一查，发现上面的石刻真的是从西方引进的。前段时间我去了南沙天后宫，那边放着很多船的模型，我又想要用乐高做船，就去针对船查了资料。

Q$_{16}$：那用乐高的形式可以将这些文物或物质文化遗产转化成文创吗？

A$_{16}$：我做乐高的工作室也经常会接触一些博物馆。刚才说的兵马俑就是一个文创的例子，西安的大雁塔、钟楼的乐高模型我们也做出来了。用乐高的形式吸引年轻人的关注，是整个秦始皇帝陵博物院都比较认可的一种模式，效果也很好。我们工作室还用乐高给宁波地铁 1 号线到 5 号线做产品，上线 15 秒就售空了，这也是宁波政府对于创新的文创产品的探索。越来越多的地方政府单位对于乐高这种形式的文创产品认可度变高了，我们反而觉得原来的模型都有点过时。因为传统的模型大家拿到手后就只是放在桌面上，那现在用乐高来做，可以让购买者自己去体验从无到有的过程，并且如果有时间的话，还能发挥创造力把它改成其他的造型。我们给宁波地铁做了一个车头，有人就把它改成了一个车厢。如果他买6套的话，就可以完成完整的一辆地铁。

Q17：我们能看到市面上有木制的斗拱或是榫卯结构的文创，价格很高，如果替换成乐高，成本会不会稍微降一点？

A17：之前在卖的西安钟楼、大雁塔，网上大概100多块钱，都不贵。但这些量产的积木并不是用乐高来做的，因为乐高的成本太高了，我的天封塔模型成本差不多可以比得上一辆小轿车的价格，用来普及是不太现实的。我们一般都是用国产积木做成批量的去售卖，价格一般都能控制在几十块钱或者一百多块钱，但是会有个起定量，这样价格能降下来。

Q18：那是不是对于您现在的水平来说，只要能够近距离观察某个文化遗产，就能够将它转化成乐高模型？

A18：对，可以这么说。我刚开始做乐高的时候，国内用乐高来表现中国文化特征的作品比较少。最近这两年这方面的玩家越来越多，确实是感觉到我们中国强大了，加上习近平总书记的号召，大家更加愿意去了解中国的优秀传统文化。做多了乐高之后，发现我们东方的东西真的很好，所以大家现在做东方的东西也越来越多。

Q19：您在各种社交平台推介过很多次天封塔，反响如何呢？

A19：当时用乐高做完天封塔上传网上之后，国外有很多媒体转载了，点赞也很多。还有南京一个电视台的导演来我们宁波实拍过我的乐高天封塔，他们当时抱着向西方宣传东方特色的想法，想做一个关于塔的纪录片。那位导演本来还想让我把那些有代表性的塔都用乐高搭建出来，但后来因为一些原因，这个纪录片的成品没有被制作出来。

Q₂₀：看得出您很关注建筑设计方面的内容，您认为建筑设计对一个地方的发展影响大吗？

A₂₀：我有很多朋友是做建筑设计的，我做乐高积木之后，也特别看重这一块。比如，我在深圳录节目的时候，去了深圳当地最大的一家建筑设计院。那些地方建筑设计的成功案例里有图文、模型的介绍，会告诉你为什么要去这么做，做完之后人流量增加了多少。因此，建筑设计是很有讲究的，能够影响一个城市的受欢迎度与舒适度。但是宁波本身设计行业比较薄弱，不像杭州那样有很多从美院毕业的工作者，能够通过建筑设计给杭州的城市美感带来提升。宁波能够吸引人打卡的店面也很少，可能一个地方只有一个很隐秘的、值得打卡的店，不像杭州那样有一整条类似南宋御街的道路。因此，宁波的建筑设计还需要进行改进与升级。

Q₂₁：您有尝试用乐高搭过地下的建筑吗？比如天封塔地宫，还有很华丽的汉唐墓室之类的。

A₂₁：实话说，作为中国人，有些东西我们还是有所避讳的。对我来说，除非有这个定制需求，或者有人需要拿来做成纪录片，我才会去搭建。正常情况下，一般我是不会去搭建这种建筑的。

Q₂₂：如果地宫开放的话，您觉得大家也会有这种避讳吗？

A₂₂：参观没关系，就像我去西安的时候参观的都是墓。这是两个概念。相当于一个只是看一下，一个是去创造。

Q₂₃：有客户专门定制中国的塔吗？

A₂₃：塔没有人定制，但是其他很多地标建筑是有人定制的。其实城市地标对于每个当地人来说都是种生活记忆，是有感情的。但是因为中国人对塔还是有所忌讳，买的人相对来说比较少，所以我们当时给宁波地铁部门做的地标是以宁波鼓楼为主。

Q₂₄：我们问到的一些年纪比较大的本地人会知道天封塔以前是海上丝绸之路的航标，是宁波最高的建筑，看到塔就等于马上就能回到宁波了，但是现在可能稍微年轻一点的，包括在宁波上大学的人都不太知道天封塔，我们访谈的几位天封社区的居民也说自己从来没有登过天封塔。您认为天封塔在宣传方面有哪些不足呢？您有什么建议吗？

A₂₄：很多新宁波人也确实不知道天封塔，我也很意外。天封塔相对来说确实比较小众，实际上它在宁波都算不上一个景点，在文创方面也没有办法像故宫那样以一个大 IP 去推广产品。而且现在就算做了天封塔相关的文创产品，在天封塔周围也根本没有地方去售卖、展示。我用乐高搭建过很多地方的建筑模型，当地官方都非常积极地联系我做宣传。比如我给上海枫泾搭了一个牌坊模型，当地大量的媒体都在宣传。再比如我有广州的朋友用乐高做了当地的镇海楼模型，官方就马上在镇海楼的陈列馆里开出了一个区域放这个乐高模型。湖北武汉的黄鹤楼也是一样，甚至花大价钱买下了我朋友搭建的黄鹤楼乐高模型，并放到展厅里。但是宁波官方从来没有人来跟我来联系过这个事情，我觉得相对来说宁波在文化底蕴上的重视程度是差了一些。建议的话，我认为持宁波本地身份证的人应该可以免费登上天封塔。本地人是推广本地文化的主力军，如果景点对本地人就有门槛的话，就更没有人能去推广了。而且大多数人因为门票的限制不上天封塔，都不知道里面有什么东西，但其实它里面是有十八罗汉像展板的，这都变成了很小众的知识。从我的角度看，还可以在塔边建一个和天封塔风格比较接近的展厅，并用国内逐渐流行的这种乐高积木来吸引大众的眼球。在展厅里的每个作品旁边附上介绍的文字和二维码，游客扫码就可以了解建筑背后的故事。因为如果正儿八经办一个古建筑展，年轻人不一定会来。以我这几年做乐高的经验来看，举办乐高展的话，不管规模大小，都会吸引一些年轻人，很多家长也会带着小朋友一起去。他们会特别好奇这个东西，很多小朋友还会很认真地去看上面的每一行字。

Q₂₅：您有带您外地的朋友或者是家人去看过或者登过天封塔吗？

A$_{25}$：带朋友和家人都看过天封塔，但是没登过。我带孩子上过鼓楼，因为鼓楼是纯开放式的，不需要门票，上面视野也比较好。虽然天封塔最上面两层视野也挺好，但是有栏杆拦在观景台处，人无法伸出头去俯瞰城市的面貌。

Q$_{26}$：您觉得天封塔及周边的街区，在各方面有哪些能够改进的地方？

A$_{26}$：其实城隍庙是原来老宁波最热闹的地方，但是现在城隍庙人非常少，和以前比少了很多氛围感。天封塔附近人也很少，你会发现走到鼓楼那边的时候，人一下子就变多了。天封塔边上还有一条街叫冷静街，到那边真的会觉得非常冷清。那块对我们宁波来说是很中心的地方，现在变成这样真的是挺遗憾的。我感觉周围公园、绿化都可以重新设计，像月湖就是个很好的例子。月湖以前没有这么漂亮，也是经过反复改进才变成现在这样的。又比如在我小时候，天一阁范围是很小的，后来联合周围的古宅，形成了比较大的区域，老百姓也更愿意去了。很多朋友第一次来宁波，我都会带他们去那边去走一走，他们也都感觉不错。但大家都不愿意去天封塔，觉得周边很萧条。交通的话，其实我觉得还可以。从城隍庙站走到天封塔，一路都可以欣赏景色。问题是城隍庙到天封塔中间，有很多乱七八糟的建筑，我都不敢相信市中心还有这些东西存在。

其实作为老百姓来说，我觉得应该多设计几个可以让人休息的地方。我之前去拍照的时候，看到亭子里面有个流浪汉直接脱了鞋子躺在上面，感觉不太好。2017、2018 年的时候，晚上天封塔的外檐是发光的，跟南京秦淮河那边的建筑一样。但是现在晚上路过天封塔，整个公园黑漆漆的一片，没有任何灯光。如果是外地游客的话，可能都找不到这个地标，这也是我比较失望的地方。

Q$_{27}$：2021 年，郡庙天封塔历史文化街区规划出台，您有察觉到规划完了之后这一带有什么改变吗？

A$_{27}$：在街区规划完毕后，我参观过一次，发现天封塔旁边的水池没有了，小桥流水没有了，我还在想好好的东西怎么就不见了。莲桥第那块其实还是挺好的，但是这整片街区与其他街区的景点没有做到一个联动。天一阁月湖景区那边改造得很好，那里整片都被打通了。现在我晚饭后经常会去那边走走，也能看到有很多当地人在散步、夜跑。我路过月湖的时候经常能听到很多外地的口音，能感受到游客还是蛮多的，真的挺好的。

Q28：在天封塔大门两侧，还零散地摆放着一些从城隍庙移过来的石碑，您有注意过吗？

A28：当时我做模型的时候去看过，那几块碑是残破的，我很好奇上面原来写了些什么，但是看不清，就只能读一个大概。我认为官方可以把碑刻原文列出来，再用白话的形式告诉大家碑上的内容。

Q29：当时拓印石碑的老先生在拓下来之后出了本书。对于您来说，您希望以怎样的形式把它呈现出来？

A29：我觉得如果石碑旁边位置不够，就用二维码的形式进行碑文的解释；如果位置够的话，可以直接把碑刻文字做在一块不太突兀的牌子上；或者把白话介绍印在牌子上放在旁边，原文就通过二维码去扫。因为如果只是单纯放原文，一般的老百姓会看不懂，也不想看，我们要做到雅俗共赏。

Q30：那整个天封公园里面您有印象举办过群众性文化娱乐活动吗？

A30：没有，我觉得是公园的园林规划不到位造成的。我当时去天封公园的时候，感觉公园里整个绿化都是挺阴暗的，没有园林设计的概念，也没有任何的功能性的东西。

二、应杭川

宁波应先生文化传播有限公司创始人

绘有《宁波九景》（包括天封塔），被宁波市旅游局选中制成《宁波城市明信片》；宁波市牛奶集团有限公司的产品包装设计上融入了明信片中的天封塔形象；绘有《宁波十大传说》（包括天封塔斩妖）

Q₁：可以简单了解一下您的职业背景吗？

A₁：我是在小时候自学的画画，没有受过专业的训练，是在兴趣的引导下一步步成长起来的。在开创彩铅工作室之前，我曾在民营企业网络部和美术培训班上过班，后来就辞职做自己想做的事情了。我其实是比较爱冒险的，不太喜欢平淡的生活，挺能折腾。但我觉得这样很好，可以在自己喜欢的领域一直努力下去。人在年轻的时候多花点时间折腾一下，说不定会意外收获不一样的结果。

Q₂：您是宁波人吗？在小时候是否留意过或听家人提起过天封塔呢？随着您个人的成长和这些年宁波的城市发展，您对天封塔的印象有没有发生变化呢？

A₂：我是奉化溪口人。因为奉化溪口也属于宁波，所以小时候也去爬过天封塔。我现在住在鄞州区，去天封塔的频次不高，可能就一年一次，而且只是在周围看看，不会登上去。上次是出于绘画天封塔的需要，专门去了一次。

Q₃：您登过天封塔吗？登塔的感受如何呢？作为游客，对景区的开放现状评价如何呢？如果地宫、高层观光台开放，您有什么期待吗？

A₃：我登过天封塔，大概是在十三四岁的时候。登塔的时候我觉得里面很黑，暗暗的，但还是可以站出去眺望看风景。我知道有地宫，里面不是出土了很多文物嘛，但是现在是不开放的。如果开放的话，还是期待可以与有纪念意义的实物相结合，因为如果只是光看看的话，给人的印象和意义都不太大。

Q₄：请问您起初想要用彩铅绘画宁波的原因是什么呢？为什么选择了彩铅这一绘画工具？

A₄：我作为一个宁波人，如果对宁波都不了解，哪还敢去创作其他城市的彩铅画。其实刚开始我是对建筑有点感兴趣，但画起来后我发现建筑其实很复杂、很讲究，在走走看看和慢慢摸索的过程中，我拥有了一些属于自己的、新奇的体验。我画画用的是普通的、几十块钱一套的彩铅，还结合了素描和油画的一些表达手法，一层一层地进行覆盖和过渡。彩铅的优势是比较细腻，它渐变的呈现比较直接，不会像水彩留下水印，还可以修改、可以覆盖。水彩的入门门槛高一点，彩铅上手就比较容易了，我从很早就开始做美术老师，我的理念就是让更多的人拿起画笔，彩铅更容易引导大家开始绘画的尝试，然后很快可以投入自己的创作。

Q5：目前，您已经创作出《宁波九景》《宁波十大传说》《宁波历史人物》《美丽鄞州》等系列彩铅作品，请问您是怎样坚持将彩铅绘画宁波的整个系列坚持下去的呢？

A5：《宁波九景》有：天封塔、天一阁、鼓楼、南塘老街、老外滩、钱业会馆、阿育王寺下塔、北仑港、东钱湖。《宁波十大传说》有：康王落难、四明山道家传说、牡丹灯笼、天封塔斩妖、布袋和尚等。这些内容我花了三年时间去做，去年已经全部做完了，从采景到内容挖掘再到画画，再到明信片，都是我一个人来做。坚持是因为我做完第一个系列以后，发现还有很多东西没做完。我本来想出一套关于宁波文化的书，把美食、人物、传说故事、景点全部囊括进去。但这个东西需要深度挖掘，要做得细致、做得完整，要花更多的时间去摸索。现在完整地介绍宁波的杂志和刊物非常少，而且我觉得纯文字的书籍宣传力度太薄弱了，地方志对普通人来讲很难啃，许多人对官方资料提不起兴趣，就算读完也很难和别人交流其中的内容。所以我希望图文结合做一套杂志，这样对游客也好，对文化宣传也好，都会起到更大的正面作用，还可以延伸出衍生品。不过在疫情期间，我肯定不会花太多精力往文旅方面拓展。以后我还会不定期地做一些我感兴趣的主题，现在我的兴趣点不在那里，大概会暂停一段时间。以后我可能也要找人去聊聊，让大家一起参与进来，毕竟一个人做事情总是会存在很多局限的。

Q6：您在从构思、收集素材到创作，大概花多少时间呢？

A6：对于具体的故事，我要提前筹备一两天，要先去看一下，再去动手，一张作品需要用一个礼拜到两个礼拜时间完成，前期会磨得挺久的。

Q₇：您有遇到过忠实粉丝或者是收获到观众反馈吗？

A₇：也有，但还没有花时间去整理。因为整个宣传口径是以官媒为主，虽然我的作品在自己的朋友圈也会发一下，但朋友圈的人多数是自己认识的人，他们会给予我持续的关注，鼓励我去做这个事情。实际上真正能产生文化共鸣或者情感联结的非常少，因为这种城市文化主题的绘画作品毕竟还是非常小众的，不能和故宫那样的大IP去比。

Q₈：您有在做自媒体吗？您觉得官媒和自媒体的宣传有什么区别呢？

A₈：官媒的用词也好，呈现方式也好，都比较简略浓缩，官方正式。自媒体就可以畅所欲言，聊的东西更宽泛一些，不太受拘束。其实抖音、微博、公众号我都在做，不过是以宣传彩铅艺术或彩铅教学为主。毕竟文学并不是我的强项，相对而言，我能衍生的内容或许会缺少一点文化深度，跟文字的结合还需要点时间。

Q₉：您当初选择天封塔作为宁波九景之一，是出于什么考虑呢？

A₉：我觉得天封塔是宁波最具代表性的一个建筑。首先，它在古建筑里面颜色是最艳的，对绘画来说能很好地体现视觉冲击力；其次，它的位置在市中心，又靠近城隍庙的商业街，非常重要；而且这座塔和其他东西不一样，能给人一种阳光向上的感觉。

Q₁₀：您在绘制这幅作品时，遇到了哪些让您印象深刻的点呢？

A₁₀：我觉得天封塔的细节跟古籍里的描述是有差距的。因为现在的塔是水泥浇灌的，以前是木构和砖石结构结合的古建筑，经过几次倒塌和修复后，反而变得很呆板的，不再那么细致。其实木质的纹路在描绘当中应该更复杂，但现在看不到那些细节，所以只能较为简单地呈现，我觉得这点很可惜。

Q₁₁：您在画阿育王塔的时候，塔背后还放了一尊佛像，但为什么画天封塔的时候却没有把传说故事直接放在塔后，而是重新以佛像为题画了一张新的画呢？

A₁₁：这个景点是写实的，如果故事放进去，大家也不理解，不会去联想，还不如简单一些，让大家能够更直观地去感受到塔的魅力。传说故事我选择了一个比较能联系到现实的故事，讲的是有一个叫黄晟的人在宁波任刺史，他不仅建了子城外总长达9公里的罗城，还治理了甬江的泛滥，称得上是宁波最初的设计师。老百姓们借用老石匠拿宝珠镇河妖的神话，表现他治理甬江泛滥的故事。也有一种版本是说黄晟为治理甬江泛滥，跳入甬江中与蛟龙作战三天三夜，一直追到甬西的桃花渡，最后斩死蛟龙，这位英雄也因此力竭而死。至今宁波人每年端午节还用菖蒲草染雄黄制成宝剑挂在门口的方式来纪念黄晟。到底是老石匠这样的民间英雄战胜了洪水，还是黄晟这样有作为的官员为民除害，在今天看来已经不重要了，重要的是宁波民俗里这种积极的、浪漫主义情怀。

Q₁₂：您所绘制的蛟龙形象和勇士形象，有哪些灵感来源和依据呢？

A₁₂：这两个形象参考了各种各样的图书和画册。首先是服饰，我觉得要有个盔甲，其次因为那个故事里面描述勇士身着黄色，我就根据古代的服饰稍微增减一些内容上去，给他变个装。历代中蛟龙的故事也很多，首先它不是龙，没有鳞片，那我就不能把它画得太繁复。还有一点是海浪，宁波跟日本文化的联系是非常紧密的，所以我把日本的浮世绘也加了进去，有时候是自己想到什么，就往里面加点什么。

Q₁₃：您如何看待这些民俗传说，也就是非物质文化遗产同史实及物质实体之间的关系呢？

A₁₃：它们都是国家和民族文化成就的重要标志，是优秀传统文化的重要组成部分。非物质文化遗产的评级应该都有一套标准，我没有去深度了解过。我觉得有故事是好事情，而且其实可以更多地挖掘这些故事。比如药行街有个很有意思的故事，据说以前有一条龙弄伤了眼睛，到药行街去找药，那里有个医师把它的眼睛治好了，所以这条街才叫药行街。你会发现，如果一条街没有提炼出文化内涵，那大家就只能匆匆路过；但如果赋予一条街一个故事，那这条街就是活的，一定要有人去专门做这项工作。我自己买了很多书去看，但民间传说流传太有限了，大部分人不会花工夫去看。

Q_{14}：您绘画的天封塔曾被印在了涌优牛奶的"印象宁波"牛奶瓶上。您当初为什么选择天封塔的图案作为牛奶瓶上的装饰？消费者的反响如何呢？

A_{14}：牛奶瓶上的设计是简约的黑白色，而且天封塔符合宁波的形象，是比较容易让大家接受的一个符号。其他的东西就由牛奶集团自己来挑，我没有花时间参与。大家的反响都不错，因为大家发现一个新鲜的东西。涌优"印象宁波"的牛奶瓶既装着宁波牛奶，又承载着作为宁波代表的风景画。当时印了几十万瓶，微博上还有人留言、收藏，买家秀也挺多，都是正向的反馈。

Q_{15}：您在给小朋友开设彩铅课程的时候，会向他们介绍宁波的历史或带他们去历史文化遗产地写生吗？

A_{15}：偶尔也会加一点内容进去，但大部分小朋友是不太感兴趣，他们更喜欢画小动物和各种动漫形象。历史对他们来说比较陌生、深奥，家长群体中了解的就不多，也不太会带孩子去认识这座城市，那小朋友就更不了解，学校也不会重视。扭转现状需要多方面凝聚合力。

Q_{16}："我希望通过我的努力，可以把宁波这座城市，更完整地展现给大家，不管是比我年轻的95后、00后甚至10后们，还是来宁波停留几天的旅客们，如果我做的事情，能让他们对宁波的故事和文化增添多一分了解和喜爱，那就很值得了。"请问您认为有没有共通的方式，能够激发本地的年轻人与外来的游客对宁波的关注和喜爱呢？

A_{16}：最好每个景点都能做一套具有品牌效应的文创产品出来，但现在各部门都各自做各自的东西，没有形成一个体系。比如像天封塔、鼓楼、天一阁、月湖这些景点，是完全可以串成一条线的。不论是地域上还是文化上，都应该搭建一个让大家都能看到的平台，增强各个景点之间的系统性和整体性。没有联动，很难打造爆点、吸引客流和消费。

Q_{17}：如果外来朋友来宁波玩，您会带他去参观天封塔吗？

A_{17}：我觉得没必要。如果外来朋友来宁波玩，我肯定是先带他去天一阁或者南塘老街，走完路以后吃点东西，这样多好。天封塔的配套服务不太完善，建筑美观性不强，周边又有树挡着，没法整体拍照。游客去打卡的话，肯定要从各个角度留影，多少需要制造点网红效应。而且进天封塔需要买门票，其实换个角度来说，把这 5 块买门票的钱换成一个小吃、一个小纪念品，大家会更好接受一点。

Q_{18}：如果由您来设计天封塔的文创，您会设计什么样的东西呢？

A_{18}：我觉得做一个漂亮的卡片，人们扫上面的二维码就能了解天封塔的故事和历史等就挺好，成本又低，又便携，还具有实用价值和纪念意义，能带回去当明信片、当书签之类的。以后和朋友说起来，也能回忆起登塔参观的体验，哪怕收费这钱花得也值当。现在的门票是一张软纸，检完票可能就被人丢掉了，没人会细看票上的内容。

Q_{19}：您觉得作为宁波人，应该如何对待宁波的文化遗产呢？

A_{19}：希望有更多的宁波人能够去真正关心身边的事物，而不要老是去看网上呈现的或者国外的东西。人们往往对于看不到、摸不着的东西产生向往，但其实身边的事物更需要人去细细品味，包括存在于宁波各个街巷的文化遗产，就好比大家每天在喝白开水，但有的人可以把这杯水泡成茶、做成饮料，不能只是看着属于别人的远处的泉水，你喝不到。

第九章
众说纷纭：相差七十岁的声音

一、陈韬羽

宁波市鄞州区钟公庙实验小学

小学生

Q₁：你是从什么时候开始听说或者第一次去见到天封塔的呢？

A₁：我在幼儿园中班以前就听说过天封塔了，中班的时候第一次见到天封塔。我们爬上去，但是因为塔太高了，楼梯太陡了，我爬到了一半，有点害怕，就下去了。当时爸爸妈妈在后面跟着我，弟弟也去了，但那时候他也太小了，估计也对天封塔没什么印象。爸爸妈妈还抱着我趴在栏杆上看风景，那时候楼房都很矮，从塔上一眼能看见整个宁波市的房子，那时感到天封塔很高。

Q₂：天封塔下面是天封公园，对面还有城隍庙，你对这次出游还有别的印象吗？

A₂：那时感觉天封塔很壮观，我们还在对面的城隍庙吃了小吃。当时天封公园还在修建，所以我没怎么关注到公园。

Q₃：你小时候听了关于天封塔的哪些情况呢？是谁给你讲的呢？

A₃：小时候听说天封塔是宁波的地标，是我爸爸告诉我的。我爸爸是慈溪人，他现在工作在宁波，爸爸会讲他小时候的回忆，说以前没有什么好地方可去，有时就会去天封塔春游。

Q₄：如果学校也带你们去天封塔春游，你觉得用怎样的形式能更好地帮助你理解有关天封塔的历史文化知识呢？

A₄：因为疫情，老师不带我们出去，课本上也没有有关天封塔的内容。我希望最好能像放电影一样地给我们讲解：天封塔的起源是什么？它为什么要叫天封塔？还有让我们自己登上去体验。

Q₅：你去过宁波博物院吗？看过"东方神舟——海上丝绸之路"展览中天封塔地宫出土文物吗？如果天封塔开发文创，你更喜欢什么样的呢？

A₅：我看过这个文物展览，但具体的内容不记得了。我希望能有一个放在那里的、整体缩小版的建筑模型。

Q₆：你是什么时候画的这幅《天封塔》呢？当时为什么要画它呢？是写生还是临摹的呢？

A₆：我在三年级上半学期的时候画的，当初我们培训班的画画老师挑了几幅画拿来，让我们选择一张进行临摹，有鼓楼、玉米楼、天封塔，我就选了天封塔这幅画，因为以前爸爸说天封塔是宁波有名的建筑，他一周要提到两三次天封塔；而且看上去这幅画比较难画，我想挑战一下。于是照着图画了两节课，一节课有一个半小时。

Q₇：你一笔一笔地自己把天封塔画下来，是不是对塔的感情更深了？

A₇：感觉比以前小时候去的时候更清晰了，印象更深刻了。我还想再去看，可是现在有疫情，我们不能出去。

Q₈：你画天封塔的时候是完全临摹的，还是自己也加了点东西进去？

A₈：有些是照着画的，有些东西是自己加进去的。我看画面里天封塔后面的背景比较空，就加了点房子进去，有空间感。

Q₉：那你为什么只填了一点颜色，其他部分都用白色和黑色来表示呢？

A₉：因为颜色涂多了就像水粉一样，不好看。塔和旁边的栏杆是主体，涂一点红色才能突出它。

来自妈妈的补充：小朋友第一次去天封塔时还很小，印象比较浅，只说这个塔好高、好难爬，后来能去的地方多了，也没再特地去看，再加上这几年疫情，有时候天封塔也不开放。爸爸是慈溪人，以前来宁波市区不是很方便，他小时候学校组织春游或者其他活动总会选择天封塔、鼓楼这种名气大的地方参观。我是外地人，有亲戚来宁波玩，也会介绍天封塔这种城市的地标性建筑物。小朋友在外上的美术培训机构的老师比较喜欢带孩子们写生古建筑，因为素描画古建筑很有代表性。学校怕不安全，不会组织小学生去登天封塔。现在的学校教育涉及历史文化遗产的知识很少，本来计划小朋友长大了，就带他们看看那些文化底蕴深厚的城市，结合书本看当地的实物，能够加深印象。中国五千年文明，希望小朋友能好好领略。但这两年因为疫情耽误了很多，我们这三年都没出去过。

二、徐哲霄

宁波文史与摄影爱好者

大学生

创办公众号"哲霄笔记"

Q₁：您作为宁波人，在小时候是否留意过或听家人提起过天封塔呢？在成长的过程中又是否对天封塔留有哪些特殊的印象呢？如果有印象，随着这些年宁波的城市发展，您对天封塔的印象有没有发生变化呢？

A₁：关于天封塔的故事我听得比较少。我对天封塔塔体本身的印象几乎没有什么变化，但是周边环境近几年的改善是比较大的。我认为天封塔所在区域的整体环境也在往好的方向发展。

Q₂：与其他塔相比，您觉得天封塔的独特之处在哪里？在您心目中天封塔因何能成为宁波城市的代表建筑之一？

A₂：独特之处说不上来。我觉得天封塔之所以能成为宁波市的代表建筑之一，是因为它文化和历史地位非常高。

Q₃：您发在网上的天封塔照片拍摄得很好，您是为什么、如何去拍摄的呢？

A₃：因为天封塔处于市区，拍摄天封塔能有一种古今交融的感觉。我是使用航拍进行拍摄的。

Q₄："天封塔、鼓楼沿，东南西北通走遍"是宁波老话，您在去过天封塔及其周边历史文化街区后感觉如何？您认为有哪些特点和还需改进的地方？

A₄：感觉目前的状态还不错，对于改造了解不多，支持修旧如旧，不要过于商业化。

Q₅：您有购买文创产品的习惯吗？如果天封塔开发文创，您期待它有什么样的造型或功能呢？

A₅：我有这个习惯。我希望天封塔文创的类型是拼装模型，我可以在其中获得更多的自己动手的机会。

Q_6：如果天封塔的地宫和高层观光台开放，您是否有兴趣去参观？对于天封塔的文物展陈和安全措施，您有什么意见和建议吗？

A_6：如果地宫和高层观光台开放的话，我会非常支持，我很想去这两处地方参观。我建议天封塔的文物展陈和安全措施中可以运用更多的科技手段，来提升观众的观感与体验。

Q_7：您有听说过关于商人识宝定风珠、鲁班显灵天封塔或是老石匠斗恶鳖的传说故事，和大沙泥街、小沙泥街的来源吗？您怎么看待这些成为非物质文化遗产的民俗传说与客观历史事件之间的关系？

A_7：我有听说过商人识宝定风珠等天封塔传说故事。不论是这些民俗传说与客观事件，还是不同的民俗传说之间，都可以用对比的方式去分析看待它们的关联。

Q_8：您认为天封塔可以当作宁波人乡土情怀的一个载体吗？您心目中宁波文化的标志是什么？

A_8：我认为天封塔可以作为一个载体。"书藏古今，港通天下"，这句标语是我心目中宁波文化的标志。

三、宁波博物院志愿者讲解员

Q₁：您是宁波人吗？您有听说过天封塔是一个地标性建筑的说法吗？

A₁：我是宁波人，但有关天封塔的事情听说得不多，因为我不是宁波市区的，是宁波其他县市的。

Q₂：那您自己去过天封塔吗？在您印象里，天封塔在历史发展过程中有过什么变化或是令您印象深刻的特点吗？

A₂：我没有登过天封塔，就在外面看了一圈。我的认识里，在唐代，天封塔就是地标性建筑，同时还是宁波最高的建筑，我记忆中还有段时间明文禁止其他建筑高于天封塔。宁波是一个港口城市，做海外贸易的人到了三江口之后看到了天封塔，就知道自己是来到了明州城。因为天封塔在三江口海外贸易中相当于地标的存在，所以可能在这方面和海上丝绸之路也有一些关联，所以把天封塔地宫出土文物放在了海上丝绸之路展厅里。

Q₃：请问您是如何成为一名志愿者讲解员的？您讲解到自己去过的建筑时，会给观众讲亲身体会吗？

A₃：因为对讲解员的工作比较感兴趣，然后也通过了面试和笔试，就成为志愿者了。如果观众想听的话，我就会给他们讲我自己的体验和故事。

Q₄：每位志愿者都会讲解到宁波博物院所有的展吗？

A₄：我们的讲解范围主要就是二楼的历史馆和三楼的民俗展。有时候也有一些临展，如果在上面讲得时间短，时间充裕的话会去下面的临展给观众讲解。一天大概讲一轮，不然嗓子会吃不消，一轮大约一个半小时到两个小时。如果观众感兴趣的话，我们就会讲得多一点。

Q₅：是观众来找你们讲还是定点讲呢？

A₅：一般上午十点和下午两点是固定的免费讲解时间点。其他时间如果观众需要的话，也可以到前台请志愿者讲解。有时候周末只有一两个志愿者或者没有志愿者讲解，那就会请专职的讲解人员讲解。

Q₆：除了讲解词上的内容，志愿者会自己另外找一些资料补充吗？

A₆：我们讲的时候会把讲解词和自己想讲的内容两方面相结合，毕竟讲解词上的内容比较枯燥，只能用来应付考核。

Q₇：您一般是怎么讲解天封塔地宫里的文物的呢？

A₇：宋代绍兴十四年（1144）的铭银塔、香炉、银牌匾会讲得比较多。我以铭银塔为例吧。首先，铭银塔是宋高宗赵构绍兴十四年铸造的塔，铭文记载说，有一位名叫邵二娘的女子，为了追荐去世的父母亲，于绍兴十四年三月二十一日，供养了这座银质舍利塔。出土时铭银塔放置于天封塔地宫殿模型内，是南宋时期天封塔的模型，所以从铭银塔中也可以看出绍兴十四年时天封塔的样式。宋时天封塔应当是木质结构，而我们现在看到的天封塔其实是20世纪80年代末仿铭银塔用砖石大修的。同时还会类比到阿育王寺的塔，是印度传过来的，造型跟我们现在看到的很多塔都不一样。

四、天封塔游客

（化名）梨子：在上海从事商务工作兼职插画师

下文用 Ax（1）表示

（化名）天使：在宁波从事财务工作舟山人

下文用 Ax（2）表示

Q₁：您两位第一次听到天封塔都是在什么时候呢？

A₁（1）：我是去年到宁波玩的时候，看了攻略上的当地旅游景点，才第一次听说天封塔。

A₁（2）：舟山离宁波比较近，我小时候也经常路过天封塔，但正式到宁波工作以后才了解到它。上次和梨子一起来玩的时候，我才第一次爬上去，正是因为和朋友去才会一起上去看看，不然一个人可能真的不会专门去登塔。

Q₂：您两位进入园区后登塔参观有什么感受吗？

A₂（1）：这个天封塔虽然可能被大修过、翻新过，但它里面的装修风格是比较古老的，外行看热闹，我们也不会去查它哪一年翻新的，只是凭着第一眼的感觉，好像塔上面还挺精致的。意外地感觉塔虽然陡，但是很有安全感。进去之后有种木头放久的味道，给人感觉古老的印象加深了。

A₂（2）：因为天封塔看起来不是特别高，我们就想看一下它顶上到底是什么样，然后转着转着发现每上一层都越来越窄了。以前的塔可能相当于一个城市的制高点，但现在周围都是高楼大厦，已经把天封塔淹没掉了，上去也不会有凭栏远眺城市天际线的期许，登塔变成了一项体力活动。

Q₃：天封塔的门票上印有对塔的基本介绍，公园里的石头上也刻着传说故事，您有注意到吗？如果再次带其他朋友来，您会怎么介绍天封塔呢？

A₃（1）：我看了门票上的图片，文字没有关注。感觉门票没什么吸引力，就是一个传统公园的票，不像迪士尼门票那样有收藏意义，如果能把门票做成卡片，类似于一个小文创，或者有个小宣传册，能稍微介绍一下天封塔就好了，天封塔塔内展出的那些十八罗汉像我也没看懂。

A₃（2）：票在梨子那里，我当时还在想，一个塔居然还要收门票，然后就完全不想看了。

Q₄：您对天封公园及其附近的街区有什么印象呢？

A₄（1）：天封塔旁边有一块绿地，感觉好像也没有什么特殊的记忆点。

我们去城隍庙逛了逛，它里面卖的东西很杂，没有明确的主题，感觉游客如果不以买东西为目的，去稍微溜达一下也是可以的。

A_4（2）：城隍庙的人流量比天封塔大一点，但好像都是商业化的，卖现代的小吃和纪念品，这些东西放到另外一个城市也差不了多少。

Q_5：梨子之前说自己是兼职插画师，比较关注文创，我们也找了宁波财经学院的拼贴画、宁波南苑食品有限公司的月饼包装、宁波博物院的磁性书签、宁波城市明信片、浙江万里学院校园纪念品等包含天封塔及其地宫出土文物照片的文创，但目前天封塔周围没有任何相关的文创售卖点。您认为作为游客，怎样的文创才能吸引您去购买呢？

A_5（1）：产品不需要太大，方便携带。比如宁波的年糕很有名，而且比较好塑形，可以把它做成天封塔的样子。像上海这边有个武康大楼，万国储蓄会出资建的，外形像一艘巨型航船，大楼旁边有个面包店就把吐司做成了大楼的样子。

Q_6：如果天封塔拓展展览空间，您认为加入怎样的内容才能更吸引人呢？

A_6（1）：可以跨界合作办一些展览，或者每个月找一个主题，结合宁波当地的故事，稍微包装一下，可能好玩一点。我觉得将来有机会还可以设置 VR，把那些民俗传说故事借助科技手段进行虚拟的还原，让人拥有沉浸式体验。

A_6（2）：我反而觉得 VR 没什么吸引力。我个人觉得人和人面对面交流才有和历史时空对话的感觉。我希望有当地的志愿者、讲解员、老人能给我讲一些故事，讲这件文物、这座建筑、这块土地上都发生过什么事情，有什么历史价值。不然自己去看说明文字，没有这方面的知识储备，根本看不懂；单纯看一件物品，年代久远，色泽暗淡，也没什么意思。我挺喜欢看央视纪录片，讲的时候制造一些悬念，会引人入胜，吸引我继续看下去。

Q₇：站在您的角度，您希望这座城市的风貌以怎样的传播形式呈现给大家，让更多人接受并记住呢？

A₇（1）：我认为用新媒体的方式呈现城市风貌较好，现在自媒体很多，年轻人刷短视频的也多，这些平台上的内容传播得十分迅速。还有吃的，比如宁波海鲜，因为吃的东西不需要欣赏门槛，人人都要吃东西，受众非常广，大家都乐于接受。

A₇（2）：有一些方言脱口秀，可能不是所有人都能听懂，但有些只言片语听多了大家还能略知一二。当然也不是完全讲宁波话，就是加入一些宁波的元素，比如你就算再不了解宁波，应该也有听说过宁波的汤圆、年糕，本土化的、传播力强的东西可以帮助人更快地融入这座城市。

Q₈：您觉得天封塔建筑背后的文化，应该如何更好地融合到整个宁波城市的氛围里呢？

A₈（1）：可以植入一些官方宣传视频。官方途径的大众普及度比较广，文化旅游业也可以带动文化传播。我有个朋友和舟山政府合作了一本叫作《岛与》的杂志，标语是"岛屿，以及与它有关的一切"，专门宣传舟山的文化，虽然是传统的纸媒，但用了很多新颖的故事讲述形式和摄影形式，把舟山群岛、海洋和当地的人联结在了一起。

A₈（2）：我好像没有什么特殊的想法，宁波主推的还是天一阁这样知名度比较高、有亮点的地方，天封塔的知名度相对来讲弱一点，不太好推广。

五、天封社区小卖部老板和老板娘

小卖部老板娘

下文用 Ax（1）表示

小卖部老板

下文用 Ax（2）表示

Q₁：请问您是宁波人吗？您或您的家人有登过天封塔吗？

A₁（1）：我们是本地人，我们从出生到读书到现在的生活，一直都在天封塔这里。在我记忆中，这个小区一直叫作天封社区。我儿子也在这里出生。我登过天封塔，但我没带我儿子去过天封塔。

Q₂：在您的记忆里，天封塔的样子有没有改变过呢？

A₂（1）：本来天封塔有18层，宁波人叫作"天封塔十八格"。之前天封塔看过去很高的，现在其他房子都高了，所以天封塔看过去就矮了。差不多20世纪60年代的时候，我们只要花2分钱就可以上塔了，我们到上面去会写下"到此一游"。那时我们刚刚到宁波第九中学读书，之前宁波九中分部和宁波九中的印刷厂都在天封塔这里，总部在另一个地方，现在只有总部保留下来了。天封塔的位置也变过了，本来天封塔是在靠我们天封社区这一边的马路，后来估计改造过了，上面也粉刷过了，又涨价几次我们就不知道了，我们也没进去过。

A₂（2）：我不记得天封塔的位置有变过。之前登上梯去可以看到很大的一片宁波城市景观，现在登塔就跟爬楼梯一样，上去一格是一格，就算上去也没东西可以看了，旁边全是高楼大厦，能看到的也就只有隔壁的城隍庙了。

Q₃：20世纪80年代的时候，有人来天封塔做考古发掘，您有印象吗？

A₃（1）：20世纪80年代那时候，我们已经工作了。在这里读书的时候对塔还有印象，后来就没有关注了，所以不知道天封塔考古发掘的事情。

Q₄：以前的城隍庙和天封塔的关系是什么样呢？

A₄（1）：本来城隍庙这里是没有步行街的，步行街很晚才弄起来的。原本宁波九中的位置拐个弯，就是现在的小杨生煎店铺那里，那前面再过去才是城隍庙。我们读书的时候，现在的城隍庙步行街还是一家工厂，我们没有什么玩耍的地方，所以娱乐场所就城隍庙跟天封塔这两个地方。当时城隍庙对面有个缸鸭狗，还有个糕团店，我们花 4 分钱就可以买一个糯米糕，每次去城隍庙就会买一个糖糕吃。城隍庙的工厂搬出来以后，大概是随着天封塔的改造，城隍庙步行街也一起出现了。

Q$_5$：您觉得现在天封塔在城市中的地位如何呢？

A$_5$（2）：在历史古迹里来说，知名度还是可以的。但是对你们这一代人，天封塔好像有点过时了，知名度不怎么高了，出去玩也根本不会去天封塔了。因为其他的现代化的东西多了，可玩、可旅游的地方也增多了；而且现在天封塔旁边卖的小吃，在哪都能买得到。除非是外地人来旅游，听说宁波有唐塔，那就去看一下。

A$_5$（1）：你们要专门了解天封塔，所以才去看看，你们不想了解的时候，也不会想去的。而且现在大家一看要掏 5 块钱买门票，也就在底下那个天封公园转一转。所以现在我们都不太关注天封塔了，现在网络很发达，有更多东西可以看了。

Q$_6$：那您知道有哪些关于天封塔的老话吗？比如"吹牛皮可以背三个天封塔"一类的。

A$_6$（2）：这句顺口溜是我们宁波人以前用来开玩笑的，意思是你说话时把自己的本事描述得特别大。还有其他的，如"天封塔十八格，戾了（音译，宁波话中骂人的语句）五子会做贼"，就是指爬天封塔很难爬。

六、天封塔景区售票员

Q₁：请问您作为长期居住于此的老宁波人，这些年有没有观察到天封塔和周边街区发生的变化呢？

A₁：我在年轻的时候也登过塔，但是大修之后就没有上去。那时天封塔已经是宁波的标志性建筑了，由于宁波城区本来就比较小，高 18 丈的天封塔出现以后，就是宁波最高的建筑物了，当我们看到这座塔的时候，就知道自己已经进入了宁波城区。天封塔的塔上是 14 层，塔下是 4 层，所以有"天封塔十八格"的说法。但塔下 4 层的文物在出土的时候就已经被运送到宁波博物院了，现在上面的塔是推倒之后大修的。两三年之前，塔的外墙上还装了灯。随着宁波高新区的建立和东部新城的兴起，这座塔已经不是宁波市内最高的建筑物了。但是近两年莲桥街商业文化街区也建好了，总体景观也变得更加漂亮了，这块区域还是有地标意义的。

Q₂：请问您大概是什么时候来这里工作的呢？

A₂：是在 2021 年 11 月，因为上一拨人年满 55 周岁，要退休了，管理天封塔的物业部门又重新招聘了一批人，我就是新招聘的人员之一。

Q₃：您当时是为什么选择来天封塔售票处工作的呢？这个工作有什么特殊性呢？您平时工作时都干些什么事情呢？

A₃：因为我退休了，想要找点事情做。我们平时也会跟普通游客讲一讲这个塔，我自己多少对历史还是有所了解的，另外能监督塔的安全情况，这是非常重要的，因为对于老年人或者孩子们，如果发生事故是很麻烦的。虽然现在流行移动支付，但是还是有老年人会用现金支付，或者有人手头有零钱想把它用掉，所以需要有人为他们服务。甚至比如有时候一百块钱零钱递过来，可能我们自己也没有零钱了，就需要 2 个售票员中的一个去周围店铺或者银行换钱，另一个在这里继续工作，所以如果没有工作人员，对于付现金的人而言是比较麻烦的。当然这种事情发生的频率是不高的。现在管理天封塔的物业部门也换了一个，疫情期间测温之类的会委托物业来做，文化遗产管理研究院也专门会有人来监督，相当于是进行了双重管理。

Q₄：您是每天都要上班吗？工作状态和分工是怎样的呢？

A₄：不是，我们是轮班的，我一个星期可以休息2天。中午不休息，菜是自己带过来的，办公室里可以焖点米饭。天封塔登塔时间是8∶30到16∶00，每天关门前我们把钱核对一下、东西整理一下就下班了；保安需要24小时都在这里看管的，关门时得上塔把烟蒂扫一下，卫生搞一下，因为不止一次出现过游客饮料倒翻的情况，万一有游客滑倒就很麻烦，安全问题要重视。

Q₅：2022年1月由于疫情影响，景区关闭了，重新开放后人流受到影响了吗？

A₅：昨天还好，昨天总的门票有400多元，每个人5元，半价2.5元，免票的人也很多，一天就有上百人了。人流量虽然没有前两年那么多，但是也还可以。在疫情前，一年的门票收入是20多万元，最多的一天，比如五一劳动节门票一天就有1000多元，现在年收入估计也有10万元左右。

Q₆：天封塔是全年开放的吗？过年期间的情况如何呢？

A₆：天封塔景区是全年开放，过年也不会关闭的，只因为疫情关闭过。过年的时候人是较多的，因为外地游客会来这里，也有一些在宁波工作、过年没回老家的人，就会来天封塔看看。初一到初七平均每天的营业额有600多元。

Q₇：那些外地游客会登上去吗？会不会有人看到要买门票，就直接往回走呢？

A₇：来天封塔景区的游客90%都会选择登上去，当然听说登塔要票就走的情况也很常见。其实塔上面如果有太多的人也不安全，尤其是在比较狭窄的地方。来登塔的外国人也很多，去年正月初一就有5个外国人登上去了。

Q₈：除了过年，平时见到的外国人多吗？他们如何买票呢？

A_8：平时见到的外国人不多，但是也有，一个月里面几个外国人还是有的。比如韩国人、新加坡人、马来西亚人……他们来基本上是免费的，因为这个门票系统只能输入身份证号，他们买不了票，给我们出示护照后，我们会打免费的票给他们。门票上会有二维码，手机扫进去会有天封塔的简介。能够免票的人还是很多的，比如现役军人、执教30年以上的老师，或者献血达到4000毫升的人都可以获得免费票。

Q_9：总体来看，来天封塔的外地人偏多还是本地人偏多呢？会有人专门来摄影吗？

A_9：外地人偏多。现在的主要游客群体是两种人，一是外地游客，二是幼儿园的小朋友。因为宁波的幼儿园有时候会让小朋友来画天封塔，所以小孩子写生的很多。但带着相机专门摄影的人我没有见到。上个星期有一批宁波大学的大学生来这里登塔。

Q_{10}：小朋友游客是来自附近的幼儿园吗？他们一般什么时候过来呢？

A_{10}：不一定是附近的幼儿园，也有鄞州的小朋友，幼儿园和学校不会统一带来，一般是他们的家长在双休日带小朋友过来，平时工作日基本不会来。

Q_{11}：如果登塔的人多了，应该会很拥挤，售票处的屏幕上写着限流50人，会遇到人数超标的情况吗？

A_{11}：时间段分开之后，人也没有那么多。在8:30—16:00期间，有7.5个小时，人们在不同的时段走上去看看，也不会花很长时间，所以不会交叉重叠，不会导致很拥挤。以前塔顶和上面几层都可以出来，后来因为有人从高层跳下去自杀过，出于安全因素的考虑，就把它们封住了。现在除了二层，游客已经不能到塔的外檐口观景，管理严格了很多。

Q_{12}：之前我的外婆想登塔被劝下来了，现在还让老年人直接登塔吗？

A_{12}：现在我们会劝说老年人不要登塔，因为毕竟安全第一，考虑到年纪的原因，如果上去可能不安全；但是万一他们执意要上去，我们也没办法，大多数时候老人们就走一层两层看一看。

Q$_{13}$：那您去过天封塔地宫吗？

A$_{13}$：地宫现在已经没有多少东西了，它已经大修过了，文物也运走了，没什么好看的。

Q$_{14}$：天封公园西北面这块地上以前有水池吗？像是被填平过。

A$_{14}$：我不太有印象。这里原来是店铺，后来变成了公园。你可以到天封社区去问问，那里有比较多的老年人，他们都是老宁波人，可能更加熟悉宁波天封塔。

Q$_{15}$：天封塔是不是维修过好几次？施工会不会对交通有影响？

A$_{15}$：是维修过很多次，但维修本身不会影响交通，因为当时是封起来维修的。

Q$_{16}$：天封塔的盈利主要是靠门票吗？有没有卖相应的文创产品呢？

A$_{16}$：没有，文创产品都不弄的。现在只出售门票。二十多年以来，门票的价格基本上没有怎么改变，只是象征性地收一点。

Q$_{17}$：天封公园有办过什么市民文化娱乐活动吗？比如唱歌、打牌之类的活动？

A$_{17}$：据我了解是没有办过的。

Q$_{18}$：天封公园平时会有人过来吗？您觉得禁毒文化公园建在这里有必要吗？

A$_{18}$：主要是人们从公园开放的那边过来散散步的。禁毒公园的设立或许有一定的根据，据说在我们来天封塔上班之前，有游客会在塔上吸毒。但是我们也确定不了这件事情，因为公园本身是不属于我们售票这边管的。因此我认为，在这里建一个禁毒文化公园主要是以提醒市民不要吸毒为主，跟天封公园也没有特别大的关系。

Q$_{19}$：天封塔上有监控吗？

A$_{19}$：以前不是每层都有监控，但是现在每层都已经装上监控了，并且在入口那边也设有指明入口位置的指示牌，这一点我觉得是挺好的。

Q$_{20}$：您在这里上班，碰到或者听说过什么有趣的事儿吗？

A$_{20}$：宁波人有一个说法，如果你愿意说大话，我们就会用天封塔来说你，就比如要描述你水平很高，就会说你能够背得动3个天封塔。主要是因为在从前天封塔是宁波最大的建筑物。

Q$_{21}$：天封塔里面会有些涂涂画画的"到此一游"，会定期清理吗？具体是怎么清理的呢？

A$_{21}$：这个会清理的。我当时来工作的时候，这里的涂涂画画比现在还要多，现在已经清理过一部分了。现在如果有人涂涂画画，监控是能看到的，但也做不到完全及时地、快速地发现，因为可能我们刚准备上去批评教育，他已经走了。

七、天封社区居民

老爷爷（80多岁）

下文用 Ax（1）表示

老奶奶（80多岁）

下文用 Ax（2）表示

阿姨（50多岁）

下文用 Ax（3）表示

Q₁：请问您能讲一讲您所知道的天封塔的相关故事吗？

A₁（1）：天封塔里的墙壁上写着它是从哪里来的。讲科学的话，天封塔是唐朝武则天时期造的塔，到现在已经1000多年了；讲迷信的话，原来没有塔，宁波经常发大水，下雨天常常会有很多鬼跑出来，很吓人的，所以要在这里造个塔。现在那种钢筋建筑不是有脚手架的吗？以前是没有的，那怎么办呢？只能用沙子慢慢堆起来做脚手架，所以沙子多的地方叫大沙泥街，少的地方叫小沙泥街。塔造完之后，沙子就不要了，人们就把沙子又放到了甬江、奉化江和余姚江，这叫三江口。塔建好以后宁波风调雨顺——不过这就是讲个故事啦。

Q₂：在您的记忆里，天封塔这么多年有什么变化呢？

A₂（1）：现在的天封塔跟以前不一样了，变成水泥做的了。以前都是用石灰、糯米饭，糯米饭很有黏性，所以把糯米饭拌进石灰里，把砖头一块块地贴上去，所以塔很牢固，不会倒塌。后来是因为着火了，所以塔倒塌了，就要重新修。修过好几次了。这都是故事，你们年纪轻不知道，我们80多岁的老头都知道。塔下面文物可多了，铜钱就有上百斤。

Q₃：请问您知道有什么关于天封塔的宁波老话吗？

A₃（1）：我知道的关于天封塔的宁波老话有："天封塔，十八格"，上面十三格下面五格，因为一格明一格暗（注：关于十八格中上下各几格，民间流传着不同的说法。）。

Q₄：请问您上一次登天封塔是什么时候呀？

A₄（2）：那是十多年之前了，我就爬过这一次，到了八层就下来了，那时候爬塔的人还挺多的。现在爬不上去了。

Q₅：您印象里天封塔的样子变化过吗？这个小区一直叫作天封社区吗？小区以及周围环境的样子有变化过吗？

A₅（2）：天封塔没怎么变过，但修是肯定修过的。我住在这个小区已经很久了，我是1962年从单位梅山晒盐厂到宁波市区来的，我搬过来的时候这个小区就已经造好了。小区一直都是原来的样子，屋子也是这个样子，周围的马路也没怎么修过，附近也全都是原来的样子。

A₅（3）：马路怎么是没变过呢？马路早就修过了，旁边的城隍庙也修过了，这么多年不可能不修的。以前的天封塔是可以走上去的，后来塔太破了，害怕万一有人走过去会倒掉，所以就修缮了。

Q₆：那您有去过天封塔吗？

A₆（3）：没去过，太高了不想爬。小区里面也有挺多人，住了三四十年也没有去过天封塔，倒也不是因为塔太高了，而是每天就住在它下面，看也看腻了。

书末推荐语

  天封塔是宁波的重要标志，追溯其历史有助于构建城市记忆、促进遗产保护。天封塔此前受到的专业关注度低，许多方面处于空白，研究具有迫切性。我校3位2019级本科生以较为新颖的口述史方式，重新构建遗产价值意义，将遗产与社区有效结合起来，也展现了年轻人对于遗产的态度。通过较深入的调研，追溯其历史，有助于构建城市记忆、促进地方遗产保护。

  ——第十五届全国大学生创新创业年会改革成果项目浙江大学推荐意见

  我院文博专业本科生丁真珍、吴馨怡、张颖洁三位同学的研究项目，选择了宁波市天封塔为对象，采用口述史的方法，对这一历史建筑做了很有意义的研究。天封塔历史悠久，是宁波市的记忆载体，但随着传播媒介的变化，很多口口相传的历史被遗忘或误传，而她们采集的口述史填补了天封塔研究中的空白。三位同学采访了不同职业、年龄、学历、居住环境的人群，不但挖掘了专业人士为天封塔的内涵价值与外延力量的保护和发展做出的最真实而平常的努力，总结出文化遗产保护的当代使命和潜力空间，也唤起了普通民众对天封塔的认知、记忆和情感，帮助未来的参观者更好地了解天封塔背后的故事，引发共鸣。本研究分析了天封塔的历史脉络和艺术形态，为天封塔保护、古建筑与现代文明共生提供了新的思路；也记录了天封塔的动态发展轨迹和趋势，为推动宁波地域文化的自我觉醒、自我反省、自我创建、自我重塑发挥了积极的作用。该研究综合运用了历史学、考古学、人类学、社会学等领域的研究方法，具有跨学科性质，是一个非常成功的个案研究。

  ——白谦慎（浙江大学艺术与考古学院 教授）

  天封塔自唐代以来就是明州港的航标，梁思成先生曾将它作为推测杭州六和塔宋代原状的历史参照，千年来陪伴着宁波人民目睹日新月异的时代变迁。本书以口述历史的"高保真"方式，记录了20、21世纪之交不同年龄、职业、经历的宁波人对天封塔的考证、思索、疑惑和希望，正是其中有关天封塔文化遗产保护与利用的不同声音，重构了这一古老城市地标的多维价值与传承路径，将宁波城市的历史与未来紧密联系起来。

——陈筱（浙江大学文化遗产研究院 副研究员）

《聚沙成塔》聚焦宁波天封塔这一重要的文化遗产，独具慧眼地选择了以口述史为主的记录手段。文化遗产的价值不仅在于遗产本体，更在于它与社会公众的关联。没有这种关联，宝塔无非砖石。一次次扎实的田野调查，一份份严谨的访谈材料，使得公众与天封塔的各种关联不再是埋藏在个人记忆中的"沙"，而能够"聚沙成塔"。访谈对象中，既有考古学者，他们是天封塔历史时空的穿越者，也有寻常百姓，他们是天封塔现实时空的参与者；访谈主题中，既有考古工作者和古建修复者的"求真"，也有遗产管理者和博物院工作人员的"务实"，更有"各抒己见""众说纷纭"。对象广泛，主题丰富，再加上项目组各位同学的用心和认真，共同构成了项目的坚实内核和突出价值。

——王炜（山西大学考古文博学院 副教授）

图书在版编目（CIP）数据

聚沙成塔：天封塔口述史研究 / 丁真珍，吴馨怡，张颖洁著. —太原：三晋出版社，2024.1
ISBN 978-7-5457-2817-0

Ⅰ. ①聚… Ⅱ. ①丁… ②吴… ③张… Ⅲ. ①古塔—介绍—宁波 Ⅳ. ① K928.75

中国国家版本馆 CIP 数据核字（2023）第 252536 号

聚沙成塔：天封塔口述史研究

著　　者：	丁真珍　吴馨怡　张颖洁
责任编辑：	解　瑞
助理编辑：	张　帆
出 版 者：	山西出版传媒集团·三晋出版社
地　　址：	太原市建设南路 21 号
邮　　编：	030012
电　　话：	0351-4956036（总编室）
	0351-4922203（印制部）
网　　址：	http：//www.sjcbs.cn
经 销 者：	新华书店
承 印 者：	山西新华印业有限公司
开　　本：	720mm×1020mm　1/16
印　　张：	15　彩页：8
字　　数：	250 千字
版　　次：	2024 年 1 月　第 1 版
印　　次：	2024 年 1 月　第 1 次印刷
书　　号：	ISBN 978-7-5457-2817-0
定　　价：	68.00 元

如有印装质量问题，请与本社发行部联系。电话：0351-4922268